无器械健身

用自身体重锻炼

[美] 马克·劳伦 [美] 乔舒亚·克拉克◎著
蔡 杰◎译

YOU ARE YOUR OWN GYM

THE BIBLE OF BODYWEIGHT EXERCISES

北京科学技术出版社

著作权合同登记号 图字：01—2012—2960

图书在版编目（CIP）数据

无器械健身：用自身体重锻炼 /（美）劳伦，（美）克拉克著；
蔡杰译．—北京：北京科学技术出版社，2013．3 重印
书名原文：You Are Your Own Gym
ISBN 978-7-5304-5992-8
Ⅰ．①无… Ⅱ．①劳… ②克… ③蔡… Ⅲ．①健身运动－基本知识 Ⅳ．①G883
中国版本图书馆CIP数据核字（2012）第138561号

无器械健身：用自身体重锻炼

作 者：	［美］马克·劳伦 ［美］乔舒亚·克拉克	译 者：	蔡 杰
策 划：	王 辉	责任编辑：	邵 勇
图文制作：	北京博雅思企划有限公司	责任印制：	张 良
出 版 人：	张敬德	出版发行：	北京科学技术出版社
社 址：	北京西直门南大街16号	邮政编码：	100035
电话传真：	0086-10-66161951（总编室） 0086-10-66161952（发行部传真）		0086-10-66113227（发行部）
电子信箱：	bjkjpress@163.com	网 址：	www.bkjpress.com
经 销：	新华书店	印 刷：	三河市国新印装有限公司
开 本：	720mm × 980mm 1/16	印 张：	14.25
版 次：	2012年9月第1版	印 次：	2013年3月第5次印刷

ISBN 978-7-5304-5992-8/G·1600

定价：49.00元

目录

谨以此书纪念：

威廉·唐斯（William “Brian” Downs）少校
杰里米·弗莱斯克（Jeremy J．Fresques）上尉
德里克·阿格尔（Derek M．Argel）上尉
凯西·克拉特（Casey J．Crate）上士

前进！
——约翰·卡尼，美国空军上校

70年代中期以来，在特种作战部队参加的每一次行动中，卡尼上校都身处前线，他因此获得了许多勋章和奖项。

我可以十分肯定地说，该书是任何一位真正关心自己健康的人的必读书。书中的原则、练习和训练计划将指引你去挖掘自己最大的健康潜力。

所有健身作家的可信性都来自他们所训练出的人，通常是电影明星或其他名人。可是，这些名人的健美体格往往是在厨师为他们准备饭菜、管家为他们打扫房间、助理为他们打理一切之时，在一位高薪聘请的好莱坞教练的一对一指导下，经过无数小时的辛苦训练才练就的。而马克的方法则适用于现实生活中的普通人。该书的与众不同之处在于传授给读者不依赖个人教练和健身房，在任何时间、任何地点都能独自锻炼的能力。

特种作战部队因其自身需要而总结出了一套行之有效且节省时间的训练方法。30多年前，我也在马克工作的一些学校中担任过教官。新式的和传统的训练方法我都见过。得益于马克的领导，培养运动精英的方法取得了长足的进步。通过不断学习并应用运动生理学的最新理论，马克在培养出更快、更强、更结实的士兵的同时，把减员率和伤病率降到了最低。

在我写的《不容闪失》一书中，我详细描述了美国特种战术部队参与军事行动的情况，从解救伊朗人质到阿富汗战争。这些士兵之所以能完成这些九死一生的任务，经受其中的艰苦考验，有赖于他们惊人的运动能力，这种运动能力与他们的钢铁意志相得益彰。如果不是如此，他们成功和存活的几率会大大降低。正是由于使用了自身体重训练的方法和可靠的训练原则，这些精英部队才能在时间和器材有限的情况下，始终保持令人惊讶的体能水平。

如今，尽管人们已经很努力，但多数人因时间以及经济的问题而无法在健康上足够投入，这本书在这样一个时代来到我们面前。在这个信息时代，我们被不正确的建议、一些关于无效的器材和药品的广告、纯粹的夸张宣传不断轰炸。马克总结的方法则被证明有效，并经受了时间的考验。我确信自己的判断，因为我看到了它的成果。我指挥过精英中的精英，而正是马克的方法帮助他们提高到这种水平。现在他把他的训练方法改进得适用于任何人。

在20世纪70年代，施瓦辛格向全世界展示了健身房的潜能，据说他一个人就催生了1000所健身房。现在是开发身体潜能的时候了，这是一场新的健身革命。

1

任务目标：
结实、强壮、自信

我想让你们知道，与很多健身书的作者不同，我并不训练电影明星、电视名人、模特或是其他一些“健身事关生计”的人。对于我训练的那些人，“健身事关生命”。10年来，我使用自身体重训练法培养出了我们这个社会中最结实、最强壮、最自信的一群人。

在训练数百名新兵以满足特种作战部队最顶尖级别的要求的过程中，我不断地改进训练计划和练习，这些计划和练习都出现在了这本书中。我用多年时间开发的训练方法极为有效，所以高层领导选择了我的训练方法。美军的最精锐力量——从海军的“海豹突击队”到陆军的“绿色贝雷帽”再到空军的“特种战术部队”——采用这些练习作为他们力量训练计划的主要部分，现在我将把它们带给你们。现在，特种作战部队之外的普通人第一次有机会达到健康和体能的顶峰，这只需要牺牲一丁点儿时间。我会清晰、简要、完整地指导你如何在你的客厅、卧室、宾馆房间、车库、院子、办公室或者是你喜欢的任何地方来做这些练习。无论你的运动能力如何，它们适合你，它们是为今日忙碌的人们量身定制的。

以前没有类似的书。然而，千百年来——从古希腊的奥林匹克运动员到今天的特种作战部队，人类中体格最棒的那些人并不依赖于城里的健身中心或者家里的哑铃。

如果我告诉你，你已经拥有了有史以来最先进的健身器械呢？别惊讶，就是你自己的身体。这台健身器械有个很大的优点：它一直在你身边，它是唯一一个你永远不会没有的东西。现在你手里拿着的就是你所需要的全部额外装备，你没必要再一小时接一小时地泡在健身房里。事实上，你根本不必再去健身房。无论你在哪里锻炼，所需时间都极少，每周两小时，就这么多。有了这些练习，你不会再因为使用无效的训练方法而浪费宝贵时间，而且你也将没有机会再使用“我没时间”这一头号偷懒借口。

无论你是奥林匹克体操运动员、健美运动员、瑜伽修行者、业余的健身爱好者，还是几年来除了购物袋之外都没有拎过其他东西的人，我的训练计划都能使你拥有你一生中的最佳身材。你将看到包括127个最有效练习的、无可匹敌的训练系统。在今后的日子里，你可以在任何你喜欢的地方锻炼任何你想要锻炼的肌肉。本书用精练的语言对那些有效练习进行了解释，并辅以清晰的照片。有了这些，你就可以自己制定自己的训练计划，而且可以随时根据自己的需求和意愿对其进行无穷无尽的调整和修改。让你的肌肉保持新鲜感就是让它们持续增长的办法。

不过，我也提供了针对各个体能水平的10周训练计划，这适用于那些需要指引的人。这些训练计划将带你们走向从前那些无效的训练计划所不曾达到的成功。你只需每天锻炼20～30分钟，每周4或5次。我强烈建议，至少在刚起步时采用这些训练计划中的一种。它们将世界上最有效、最现代的训练原则与令古代勇士强壮的秘密结合了起来。

这些训练计划将会增强日常生活中所需的重要肌肉群的力量、保持肌肉和关节的柔韧灵活、提高心肺和其他身体器官的效率和能力、降低常见外伤和退行性心脏病的发病率、减轻情绪和精神上的压力。它们的好处简直说不完。而你健身的成功也必将使你在生活其他方面也获得成功，工作与娱乐都将如此。

这本书可以取代你其他的健身计划，也可以作为你的常规训练计划的补充，为你在健身房里无聊至极的锻炼程序增添一些新意，甚至让你在没有健身房可用时继续锻炼。变化乃是生活的情趣。忘掉那种像一只被困在笼子里的仓鼠一样，每天都在同一个跑步机上跑步，日复一日地做着相同的练习的生活吧。你不需要换衣服、装好健身包、开车、停车、找一个更衣柜、找一台空闲的机器……然后，在漫长且无趣的锻炼之后，再把整个过程反过来做一遍。你只需开始锻炼，不管是在家里、办公室里，还是在宾馆房间里，20～30分钟就完成了。

你不会在这本书里看到虚浮不实的内容。不会有那种所谓的对比照片——左边是苍白无力、戴着眼镜愁容不展的人们“训练之前”的照片，右边是晒成小麦色皮肤的他们满面春风、弯曲着胳膊展示发达的肱二头肌、收紧他们光洁油亮的腹肌的“训练之后”的照片。证明我的方法有效的证据自从人类诞生开始就在我们眼前。实际上，甚至在那之前——你觉得猴子比相同体重的人强壮的原因是什么？（提示一下：不是因为它们有金吉姆健身中心的会员卡。）

你真的认为我们进化到了需要器械才能保持健康的地步？对自己身体潜能的无知使得现代人没完没了地追求无用的健身鬼把戏。实际上，达到终极健康状态的办法非常简单。不过，终归还得你自己亲身实践，把你自己从对器械、教练的依赖和常见误解的束缚中解放出来。它们都不过是妨碍你拥有最佳体形的拐杖，现在是回归自然的时刻了！

你的健康不应依赖任何东西，除了你自己。

2

我的历程

我的队友在泳池的边上分散等待着，随时准备把我拉上来，因为我最后会在水下晕过去。不过，现在我还站在水里呼吸、放松身体，准备去尝试打破军中保持已久的潜水纪录。我需要憋一口气在水下潜泳超过116米。那比一个橄榄球场（算上球门区）还要长不少。4个月前，我游25米都够呛。

当我站在齐胸深的水中时，泳池内外的每一个人都安安静静的，耐心地等待和注视着我。我知道这结果将会很糟糕，但我不为所动。第一次，我独自一人面对挑战，只有我一个人，没有我的队友在身边，这感觉很奇异。我很镇定、放松、敏锐。我准备好了，我的紧张已经消散。想都没有想，我深吸一口气，潜入水中，蹬壁出发。

你必须从军队里最残酷的淘汰课程中毕业才能在记录板上留名。考虑到85%的退学率，每周一次的评估，还有一群时刻盯着你的弱点的教官，毕业绝非易事。实际上，我第一次就没成功。

在我第一次尝试时，在令人精疲力竭的9周中，我竭尽全力才能留下来，继续参加课程。如果我说我从不曾有过放弃的念头，那绝对是撒谎。事实上，这种念头每天都会出现，尤其在泳池里和早晨起床时——早晨，我必须起床，可一整夜的休息感觉不过像是5分钟的打盹。每个周末，我宝贵的休息时间都用于学习如何带着脚蹼游泳以及做各种水下练习。最后，我的期末评估包括42.5分钟内跑6英里（约9.66千米）、14个引体向上、65个俯卧撑、12个正握引体向上、70个仰卧起坐、80分钟内蹼泳4000米以及7组痛苦的水下秘密行动。蹼泳是指戴着能够推动一个穿着军

服带着装备的大个子的、大且厚的橡胶脚蹼、穿着橡胶靴来游泳。蹼泳时，你不能使用胳膊，因为一个正悄悄游向岸边的人伸出胳膊打水是很不明智的。所有动作都必须完美地完成，每位学生的动作都有一名教官计数和细致观察，不合格的动作不算数。教官们喊道："不算，不算……那些不算……你的后背耷拉下来了……起来时没有保持住……放下时没有保持住！"

波普教官在期末评估中负责我的仰卧起坐。他对受训者严厉得不通情理，因此在所有教官里，他最令人害怕。"那些不算，劳伦。你的手在头上放的位置太高。"他说。然后，他因为我做其中两个仰卧起坐时手的位置不标准而没让我通过评估，就这么简单。训练的最后一天，我被打回第一周时的初级班。我当初所在的班里，86人只毕业了4人。我走回宿舍时我所在的小队正好唱着关于他们最后一天的小曲列队跑过。我真想放弃。

但是，过去的9周教给了我一个可以受用一生的道理：一个成功的团队是由那些能够为团体的目标而将个人利益置于一边的人组成的。我们被训练得能为团队的目标而将个人的安乐放在一边。这种训练不仅适用于团队，也适用于个人。成功在于你——只是你——把一切与你的目标不符的东西都放下。

所以，我开始从头再来。每一天，我们在课程正常安排的训练——包括60分钟跑步、2小时体操、水下秘密行动、1小时蹼泳——之外，还要在圣安东尼奥的夏日骄阳的暴晒下训练几个小时。不过，最困难的总是早晨刚要开始时。

平均下来，每天我们都要多做500个集体俯卧撑，不过这真的不算什么。我们最终明白，无论我们感到多么疲劳、僵硬和没精神，只要再次经过热身，我们其实都没问题。每次进出学校时，我们都必须做15个引体向上或13个正握引体向上或20个曲臂撑或20个中式俯卧撑。有一次，我们每个人都必须不起身连续做1000个俯卧撑，中间只有5分钟的上厕所时间可以稍微休息一下。在3个半小时中，我们一直在做俯卧撑，一组做5个，每组之间只能抬高臀部或放低腰部休息一会儿。如果我们的潜泳水下通气管上胶带缠得太多，那我们就会被罚做1000个俯卧撑（如果是全队活动，还会额外增加一个）。

但是，不管这些高强度训练有多难熬，最难熬的还是泳池训练。开始的几周中，受训者还会在去泳池的路上逗乐和聊天。到第六周时，剩下的只是一片沉寂，你简直都能听到针掉在地上的声音。泳池是导致惊人的退学率的主因。你可以在任何时候退出，如果你决定不再继续，就说："我退出。"你可以在任何训练中走出泳池，回自己的房间吃比萨饼。

从周一到周五，我们都要去泳池，而走出泳池的情况只有三种：成功完成练习、退出、累得昏过去——一旦恢复神智，就要立刻回到泳池，成功完成练习、退出或累得昏过去。搞砸一项意味着你得重来一次，而每一次都会变得更困难，尤其是那些需要你在下潜的过程中踩水的项目，像装备复原——潜到泳池底部，取下所有装备，按照正确的顺序放置，然后在教官检查前再全部重新穿戴好或打绳结收好——我们必须在水下3米多的深处完美地打3个不同的绳结。我们学会了投入、镇定，不管多痛苦也要一次完成。全身心投入是要义所在，投入等于成功。

在9名教官努力地让我们中尽可能多的人退出的情况下，为了团队而忍耐煎熬的9周是一次不折不扣的考验。在我第二次尝试的过程中，我们小队中的12人全部坚持到了期末评估，而且除了一人外全部通过。有1个队友的4000米蹼泳不达标。我们要最后一次回到泳池以完成他的第二次评估，我的时间到了。

我记得在车上时，曾为提出挑战水下纪录而后悔。我知道我的队友不会放过我，果然没过多久就有一个队友说话了。“这么说来，你真的要挑战那个纪录？”他问道，“你真的要这么做？”我忍住打歪他鼻子的冲动，回了他一句：“对！”我很坚定，而他则在幸灾乐祸。但他是对的，是用行动来表示的时候了。

在我的队友完成蹼泳测试的78分钟里，我坐在泳池边上深呼吸，放松自己。我面临一个严峻考验，不能呼吸的痛苦简直难以想象，而且我知道一旦我开始，那么直到我在水下昏倒被队友拉起来时才能再次露出水面。我选择了挑战一项令人生畏的纪录——斯威策，一位身高约190厘米的大学游泳健将，创造的116米纪录。我记得在课程刚开始时，我说过水下纪录是所有纪录中最令人印象深刻的。116米的水下纪录对一个只能挣扎着达到25米的受训者来说，像是神才能完成的任务。而现在我就站在这里，仅仅过了4个月，在我第二次训练结束时，我准备去挑战这项纪录。

我站在泳池边沿，大声喊道：“准备入水，教官！”

“入水！”教官回复道。

“正在入水，教官！”

我站在泳池里，靠着泳池边又放松了几分钟，我的队友等待着，随时准备在需要时把我拉起来。我最后深深吸了一口气，潜入水中，蹬壁出发。

随之而来的是彻底的孤独。在经历了2个月不间断的团队协作后，我突然之间不能看到或听到除我之外的任何人或任何声音，我的注意力完全集中在击水和放松上。击水、滑行、放松……击水、滑行、放松……直到我的身体开始诅咒我为什么不呼吸。我的目标不可动摇，我的身体对舒适的向往干扰不了我。

到达50米处，当不适感开始急剧放大时，我一瞬间有站出水面一笑而过的想法，但我不能那样做。你的脑子总会在处境艰难时寻找退路。放松，保持好姿势，在你的身心都在央求你别这样的时候继续坚持，这是对你的决心的检验。击水、滑行、放松……击水、滑行、放松……紧张、恐慌、焦虑大量消耗我体内本就不多的宝贵的氧气储备。最艰难时，我不得不放松好一会儿才熬过去。击水、滑行、放松……击水、滑行、放松……最终，一旦你的大脑和其他身体组织缺氧，不适感就会减轻。在达到这种状态之前的那段时间，对我而言似乎是无止境的。最后，光线变暗了，我的肢体仿佛消失了，感觉还不算太糟，眼前的世界越来越小，直到……

我醒来时已经在泳池的另一边，我脸

色苍白，嘴唇青紫。“我成功了吗？”我含混不清地问道。我记不起我游完了整个泳池的长度，更记不起我在触壁的那一刻晕了过去。那时，我已经开始下沉，我的队友跳下水把我拉了上来。我重新开始呼吸，我刚刚创造了新的纪录——现在依然没被打破——133米，在水下不呼吸潜泳2分23秒。

我承认，我开始健身的动力只是改善身体的形象。那时我13岁，是一个瘦得皮包骨头的、腼腆的小孩，我想有所改变，我立志要练出可以自豪地向别人展示的体形。我没有器械可以用于锻炼，所以我就在晚饭前在卧室里做俯卧撑和仰卧起坐。我一直练习，直到我可以连续做75个俯卧撑和600个仰卧起坐，然后我继续加码。我变成了自己的全方位加强版，并且做任何事情都信心满满，还赢得了地区高中健身比赛。

多年以后，在美国空军的“空降营救组”和“战斗控制组”的新兵训练课程中，我们不是在跑步、游泳或屏息潜水，就是在进行某项自身体重训练。从早晨5点训练到下午6点，从周一到周六，到持续9周的课程的结尾时，剩下的人屈指可数，只有不到15%。出现高退学率很大程度上是因为过度训练。尽管那个时代的训练思路在冲击年轻人对自己的极限的认识方面极其有效，但其实那并非最理想的健身方式。

在第22特种战术中队服役期间，我继续进行自身体重训练，以保持优异的体能，满足机场控制、战斗搜寻与救援以及侦察与监视等任务的极端要求。

“9·11”事件前5天，我离开中队，改做全职的军事体能训练专家。训练出能

我理解你的痛苦。几年之后，我成了教官。

立即投身战场前线的士兵成了我的职责。

“9·11”事件之后，对特种兵的需求急剧飙升，只允许5%～15%学员毕业的日子到头了，教官们不得不重新审视他们的训练方法。我们曾经是老派作风：越多越好——通过魔鬼训练把他们变强，把不合格的筛掉。转变为“少即是多”并不容易，但需求迫使我们改变，而我们有得天独厚的条件去快速发现哪些方法有效、哪些无效。每6周我都会收到一批没受过训练的新兵，刚来时大部分都柔柔弱弱。到课程的结尾，他们一个个结实、强壮、充满自信。

通过应用最新的力量训练的原则以及最新的运动科学原理，我只用花费过去时间的一小部分就能得到比过去更好的结果，同时还减少了伤病。我尝试各种不同的训练量和强度，每一天每一周都有变化，还引进了合理的休息制度和难度升级程序。我改进了课程的训练体系，并针对学员的不同情况为他们量身定制训练和饮食计划，然后观察他们的进展。

令人惊讶的是，尽管时间、场地和装备有限，而且班级人数也比以前多，我却使课程的退学率降低了40%，我的很多学生还获得了众人梦寐以求的特种部队毕业奖。原因很简单，我创立了一套无出其右的训练方法，能够最快地打造肌肉发达、脂肪含量低、体能优异的健康身体。现在我把它拿出来和你们分享。

认真完成书中的练习，将书中的原则付诸实践，你将比之前任何时候都健康和强壮。它就在你手里，还等什么？现在就开始吧！

3

为什么进行自身体重训练?

健身器械、训练系统和流行减肥法的大行其道主要是市场营销的结果，它们不是真诚地想要帮助一个身体普遍不健康的社会改善健康状况、提升幸福感。在这个时代，我们的家里和健身房里摆满了各种健身器械，而最简单有效的增强力量和减肥的方法——懂得如何只用你自己的身体训练——却鲜有人问津。

即便在特种部队之外，自身体重训练的功效也无数次地得到证明。例如，麦当娜（Madonna）、李小龙、阿莱克谢耶夫（Allexeev）——他是首位成功挺举起500磅（约226.80千克）且曾两次获得奥林匹克举重金牌的人（在他所处的时代，他可能是世界上最强壮的人）、达拉斯牛仔橄榄球队的跑卫赫舍尔·沃克（Herschel Walker）——职业橄榄球历史上推进距离最长的人（拥有与其纪录相符的体格），他们以及数不清的其他人，都主要通过自身体重训练法练就顶级的体格和体能。

多数重量训练只是孤立地锻炼某些肌肉，仅仅调动你身体全部肌肉的很少一部分，而自身体重训练则会同时调动很多肌肉。另外，自身体重训练还有一个好处，那就是相比那些需要自由重量和组合器械的练习，它对身体核心区力量的要求更高。（想要6块腹肌吗？）

自身体重训练的练习能避免诸如关节炎之类的慢性伤病，这些伤病是由长时间的举重以及那些不自然的、在日常生活中毫无实用价值的练习引起的。一种练习或训练，必须尽可能地与其“用武之地”接近或相似，才是有用的。普通人的日常活动主要是操控他们的自身体重。那么，在增强日常活动的力量方面，有什么能比自身体重训练更有效呢？然而，我们要么在沙发上一动不动，要么在卧推架上锻炼——坐着和躺着，这使得我们整个民族都缺少真正有用的体能。实话实说，除了在健身房的训练凳和器械上，上一次你在坐着或躺着时用力是哪年哪月的事（当然是指你独自一人时）？

这些练习不被大众文化注意的时间已经太久。除了跑步和游泳，大多数人都不知道只用自己的身体就可以锻炼。瑜伽和普拉提的风行就很好地体现了自身体重运动的价值，不过仅仅进行这些运动不足以系统全面地发展体能。

我的方法的优点是，能教你熟练使用你永远不会没有的那个东西：你的身体。你的力量、爆发力、肌肉耐力和心肺耐力、速度、平衡能力、协调性都会增强，柔韧性也将提高。坚持锻炼并搭配合理的饮食，你就能持续进步，应对更多挑战，更好地控制自己的身体。

不论何时何地，你都可以做这些练习，并且不需要花钱办健身会员卡或购买健身器械。不过，话说回来，即使你坚持要用器械锻炼，这些练习也是很有价值的补充。

你会像阿喀琉斯（Achilles）在特洛伊的海滨为大战做准备时那样训练，像那些闻名世界的、最强的古代勇士那样训练，像无畏强敌的未来特种兵那样训练。为什么？因为它行之有效。

认识误区：自身体重训练无法调节难度

对于自身体重训练的一个常见误解是这种训练的选择有限。俯卧撑、引体向上、仰卧起坐，基本就这些。嗯……我之前提过，这本书介绍了120多种练习吧？而这还不包括它们的变式。实际上，本书中的练习种类远远超过世界上任何健身房中的器械数量。

还有一些人认为自身体重训练无法锻炼某些肌肉群。又错了！每一个肌肉群（有些你可能都不知道）都可以不依赖器械锻炼——从摆脱铅笔样的脖子到打造胫骨前肌以加强你的小腿。

自身体重训练的唯一限制因素是你的创造力。每一种举重运动都可以使用你自身体重来模拟，你还可以提高或降低难度。而且，不像健身房里的那些器械练习，我的练习有几乎无穷无尽的变化，可以让你的肌肉保持新鲜感，从而在你的一生中持续生长。

举个例子，我详细描述了体重600磅（约272.16千克）的男人（或70岁的女人）都能做到的俯卧撑。而书中的一些高难度动作，如水平俯卧撑，没有大量的练习，大部分专业健身者都做不到。我的10周训练计划为不同水平的人选择了不同的练习，因此每个人都会面对足够的挑战。

下面是无需增加重量而改变练习难度的4种简单方法：

- 提高或降低支撑点的高度
- 选择不稳定的支撑点
- 在动作的起始、结束或中间位置暂停一会儿
- 仅用单侧肢体来完成动作

再以俯卧撑为例，这是可以锻炼你的胸、肩、肱三头肌、腹肌、腹外斜肌和下背部的标准练习（而卧推只能锻炼到其中的一半）。如果你站在墙壁前半米远做俯卧撑，那就毫无难度；接下来，再试着将手撑在柜子或窗台上做。支撑点越低——书桌、沙发、咖啡桌、大部头的书，难度越大，而像标准俯卧撑那样双手撑地就更难了。如果我们双手撑地并把脚搭在咖啡桌上，这个练习将越发困难。这就是使用支撑点来增加练习的难度。

要继续增加难度，我们可以将手撑在球上做，如篮球。这就是在利用不稳定的支撑点。

在最低点暂停的篮球俯卧撑更难。还不够难？试试单手撑地做。接着，再把脚放在沙发上做，再选择不稳定的支撑点做，再加上暂停……你懂的。

这只不过是我众多练习中的一个简单示例。你会发现，有无限可能。

就像你所看到的：俯卧撑从一个可能所有正在读这本书的人都能做到的动作升级为也许没有任何一个人立刻就能做到的高难度动作。自身体重训练的难度可以根据具体的需求调节，阻力尽在你的掌控之中。

4

为什么进行力量训练？
或为什么有氧运动是浪费时间？

无论你是想减少脂肪、增加肌肉或者二者兼有，力量训练都应该是核心项目。另一方面，不管你的目标是什么，有氧运动都不会太有效。

不知为什么，人们认为长时间进行有氧运动等稳态训练——通常是维持目标心率30～60分钟——是消耗热量和增进心血管健康的最佳手段。你是否用过可以显示热量消耗量的跑步机呢？要消耗300卡（约1256焦）热量你可能得跑45分钟。不过，你知道吗？这300卡是指那段时间的消耗总量，而不是在你的基础新陈代谢消耗掉的热量（即便在你休息之时）之上增加的量。这就是为什么那些机器会要求你输入体重：计算你的基础新陈代谢率。普通男性休息时每45分钟消耗105卡（约440焦）热量，他们通过做那些练习实际消耗掉195卡（约816焦）热量——只比午睡时的消耗量多195卡——吃半个面包圈就可以补回来。而有氧运动通常会使你食欲大增，吃下比消耗掉的那一丁点儿更多的热量。

告诉你一个小秘密：每磅（约0.45千克）脂肪可以使一个体重130磅（约58.97千克）的女性维持有氧运动目标心率15小时。如果我们的新陈代谢像那些健身器械广告中宣传的那样低效，我们根本不会存活这么长时间，也肯定无法熬过艰苦的冰河时代。打猎和采集所消耗的热量会使我们还没来得及找到猛犸象就被饿死。以现代的标准，这样的新陈代谢水平勉强够我们去一趟超市，更别说背着120磅（约54.43千克）的装备去敌军前线执行为期一周的侦察任务。

我还想告诉你更多关于有氧运动的坏消息：不管是跑步、骑自行车，还是做踏板操，你练得越多越轻松的主要原因不是你的心肺功能改善了，而是“熟能生巧”。大多数情况下，做这些运动变得容易不是因为肌肉耐力增强，而是因为你的身体在做这些动作时比以前更有效率。你需要的氧气和力量比以前少，因为你的神经系统已经适应了，没用的动作不会再做，必要的动作则更加精炼，不需要收缩的肌肉放松下来并逐渐变得不那么发达。这就是为什么几年没有骑过自行车的马拉松运动员突然骑一次也会气喘吁吁。

有氧运动实际上会导致肌肉变得不发达，原因在于我们的身体会根据具体的需求而调节适应。长时间低强度的有氧运动只需使用最弱小的慢缩肌纤维。而那些强大的快缩肌纤维不是必需，却白费氧气和能量。除了反复使用一些相对简单的动作所涉及的肌肉之外，我们的身体不需要额外的肌肉，所以它就会把这些肌肉消耗掉。即便你在做稳态训练时配合力量训练，你的肌肉也很难增长，尤其是腿部。只有在提高某种特定运动项目的熟练性时才应进行有氧运动，如5000米跑、铁人三项或是某项军事体能测试。

随着年龄的增大，尤其是30岁以后，我们的体重逐渐增加，这主要是因为与十几二十岁时相比，我们的肌肉减少了。随着年龄增大，尤其是伴随着我们越来越不爱动，我们的肌肉自然地减少。肌肉组织的减少导致新陈代谢率下降。然后，如果你的饭量和年轻时差不多……那么，你就会慢慢地变胖，经年累月，直到有一天你照镜子时才发现不妙。这就是美国成年人平均每年体重增加2.2磅（约1千克）的原因。阻止脂肪继续增加的关键是通过力量训练增加肌肉，以使新陈代谢率恢复到年轻时的水平。

即使一动不动，1磅（约0.45千克）肌肉每天也要消耗10卡（约42焦）热量，男性和女性都是如此。5磅（约2.27千克）肌肉每月能消耗1500卡（约6279焦）热量——相当于每年少5磅脂肪，足以弥补新陈代谢率下降造成的负面影响。

但是，长期进行有氧运动的话，你就更可能消耗5磅肌肉。那意味着你的身体每天少消耗约50卡（约209焦）热量。并且随着你的身体在跑步时更有效率，先前195卡（约816焦）消耗量会降低到125卡（约523焦）左右。那么，我们来算一算：有氧运动时你比静息代谢率多消耗125卡（约523焦），再减去因这项运动导致的肌肉减少而没能消耗的50卡（约209焦）。你累得气喘吁吁也只不过比你懒散地坐在电视机前什么都不做多消耗了75卡（约314焦）热量，而喝半杯可乐就可以把这些热量补回来。这就是为什么那么多人在世界各地的健身房里做了那么多有氧运动，却既没有瘦下来也没能提高运动能力的原因。

答案：间隔力量训练

做一定时间的高强度练习后休息一定时间，如此反复进行就是间隔训练。锻炼和休息的间隔时间以及锻炼时所选择的练习都可以自由调整。与有氧运动相比，这种训练能在更短时间内消耗更多热量，而且能使身体组成发生积极改变。

这不仅是因为它能增加肌肉，还因为它会在训练之后继续促进新陈代谢。力量训练对体内平衡产生了足够的压力，使得在训练结束之后的很长一段时间之内我们依然需要消耗大量能量（热量）。

做低强度的有氧运动时，脂肪氧化与之同步进行。训练一结束，脂肪氧化也会随之停止。做高强度练习时，我们的身体氧化碳水化合物供能，而不是脂肪。接着，在训练结束之后的很长一段时间内，脂肪不断氧化，以使系统恢复正常：补充耗尽的碳水化合物、磷酸肌酸、腺苷三磷酸（ATP）、循环激素，为血液补充氧气，降低体温和心率。另外，还有一些远期收益：增强肌腱和韧带，提高骨密度，生成新的毛细血管，提升运动技巧，修复肌肉组织，生成新的肌肉。你的肌肉越多，你就能在训练中和训练后消耗更多热量。

因此，力量训练会在训练结束后的很长一段时间内，继续推动你的新陈代谢，最长能达到48小时。与之形成鲜明对比的是，在有氧运动结束之后，你的新陈代谢几乎马上就回复正常水平。因此，通过间隔训练，我们不仅能塑造肌肉，还能使我们的新陈代谢水平在训练之后的很长一段时间内得以提高——包括睡觉的时候！

很多人认为有氧运动会使他们的心脏变强壮，并降低冠状动脉疾病的发病率。然而，经过多年研究后，美国空军的心脏病专家肯尼思•库珀（Kenneth Cooper）——“有氧运动”这个词的创造者——认为有氧运动能力的高低和健康、寿命或预防心脏疾病等没有必然联系。

另一方面，有氧运动存在很大的受伤风险。多数有氧运动并不是低负荷的，即便是像骑固定单车这种所谓的“低冲击”项目。跑步一类的有氧运动负荷极高，对你的膝盖、髋部和背部都会造成损伤，有氧舞蹈则更糟糕。当然，会有一些先天条件极佳的人声称，他们做这些运动时从来没有受过伤。不过，过度劳损的伤病是逐渐累积而来的，很难立即发现，一旦发现往往为时已晚。随着年龄的增长，这些伤病会使你的运动能力降低或丧失，而这在很多时候会导致寿命缩短。

任何你期望从有氧运动中得到的好处都可以通过高强度的力量训练更安全、更高效地获得。请记住，是你的心血管系统在支持你的肌肉系统，而不是反过来，单纯提高心率不代表任何事情。全副武装参加夜间高跳低开（HALO）编队跳伞前的紧张情绪会使我的心率像坐上火箭一样上升，但并不会使我的腰带变松。如果你执意要用心率提高来衡量一种练习的效果，你可以试试我的“车轮组”。

总而言之，间隔力量训练在燃烧脂肪以及增加力量、提高速度，甚至增强心肺

Hooya!

安杰洛·特伦布莱（Angelo Tremblay）博士和他在加拿大魁北克生理活动科学实验室的同事们针对那种认为低强度、长时间的锻炼是减肥的最有效手段的流行观点进行了一些实验。他们比较了中等强度有氧运动和高强度间隔力量训练对减肥的影响。

皮褶厚度测量表明，间隔力量训练实验组减掉了更多脂肪。此外，考虑到间隔力量训练时消耗的能量比有氧运动时要少，其实际减脂效率要比有氧运动高9倍。简言之，与有氧运动相比，间隔力量训练实验组在训练中每消耗1卡（约4.19焦）热量所获得的减脂收益要高9倍。这怎么可能？

在肌肉活组织切片检查中，测量肌肉中酶的活性以及训练后脂肪利用情况之后，他们发现，高强度间隔训练使得人体在运动之后燃烧更多脂肪。另外，他们还发现，与有氧运动相比，进行高强度间隔训练后，食欲会小一些。

Hooya!

日本的田畑泉教授和他在东京的健康与运动国家研究院的同事对比研究了中等强度耐力训练和高强度间隔训练对最大有氧代谢能力——心肺功能的最佳指标——的影响。他们对两组随机选择的男性进行了为期6周的研究：第一组每周5天中每天都进行1小时的稳态训练；第二组每周5天中每天都只做4分钟间隔训练。6周之后，第一组的最大有氧代谢能力提高了10%，而第二组提高了14%。间隔训练实验组的成员不仅有氧代谢能力增幅高达40%，力量也增加了28%，而稳态训练实验组的力量并无增加。这仅仅是每天4分钟间隔训练的效果。

很多类似的研究也证实了间隔训练对健康更有益，还能减掉更多脂肪，与此同时还能增加力量，而不像长时间的稳态训练那样导致肌肉消退。

耐力方面都胜过有氧运动。而且，它比无聊的有氧训练花费的时间要少得多。

在本书中你会看到一些介绍某些信息、事实、研究、理念的“Hooya！”信息栏。“海豹突击队”和“特种战术部队”在抛开个人安乐完成看似不可能完成的任务时会高喊“Hooya！”——印第安人的战斗口号，意思是“给我更多！”

5

究竟什么是体能？

令人奇怪的是，体能并没有一个定义清晰、普遍认可的标准。在我对那些将被派遣参加最危险任务的部队进行训练的10年里，我的经验是各项身体素质都得到最好发展的士兵在战斗中表现最优秀。与此类似，同时具有多种身体能力使我们更有吸引力。

我想大多数人都认为，短跑运动员比举重运动员更有吸引力，跳芭蕾的比跑马拉松的更漂亮，我说这些并没有冒犯任何人的意思。芭蕾舞演员和短跑运动员的体能水平比举重运动员和马拉松运动员要高，他们的肌肉以一种非常有效的方式联系在一起。大多数人都同意，各个方面都得到充分发展的人的体形比那些只在某些特定方面突出的人更有吸引力。在各种能力上全面均衡发展的身体不仅更实用，而且也漂亮。与之相反，那些在某一方面过度发达的人几乎都会有相应的弱点。速度奇快、体格瘦削的跑步运动员缺乏力量，大块头的健美运动者则耐力不足。

因此，我的训练计划旨在全面发展各项身体素质：肌肉力量、爆发力、肌肉耐力、心肺耐力、速度、协调性、平衡能力以及柔韧性。你的体能水平由以上8项身体素质指标决定。

只有专注于这8项指标，而不是外形，你的能力、健康以及外形才能够得到最大改善。我训练过的男人都有搓衣板似的腹肌、健硕的胸肌、饱满的肩膀、把袖子撑起的肱二头肌，我训练过的女人都有健美的双腿、紧致的肱三头肌和腹肌，这就是证明！

肌肉力量：你在一个给定距离上施加力的能力，可以通过你能完成的动作的难度来测定。举例来说，在使出最大力量的情况下，如果简能做一个标准俯卧撑，而泰山能做一个倒立撑，那么泰山的肌肉力量更大。

爆发力：你在给定时间内施加的力，是肌肉功率的直接体现，肌肉功率=功÷时间。如果在使出最大力量的情况下，简和泰山都只能做一个引体向上，不过简做得更快，那么虽然他们的力量相同，但简的爆发力更大。

肌肉耐力：你能持续施加一定大小的力的时间长短。简和泰山谁能在引体向上的最高位置坚持的时间更长，谁的肌肉耐力就更强。

心肺耐力：在长时间运动中，你的身体给肌肉提供氧气的能力。简和泰山可以连续做200个深蹲来挑战和锻炼心肺耐力。

速度：快速做一系列动作的能力。如果简能在30秒内做45个弓步，而泰山只能做25个，那么简的速度更快。

协调性：你把几个动作组合为一个复杂动作的能力。例如，做一个简单的跳跃动作就需要你将若干个动作协调好。首先，弯曲髋部、膝盖和脚踝，然后再正确地伸展这些关节，所有这些动作必须组合为一个完整的动作。你在恰当的时机把这些动作组合起来的能力决定你的协调性以及你是否能做好这项练习。

平衡能力：你控制身体重心的能力。

柔韧性：你的动作幅度。如果简在做姿势标准的深蹲时臀部可以碰到脚后跟，而泰山只能下蹲到大腿与地面平行的位置，那么简的柔韧性更好。

简单地说，体能就是指一个人在以上8项身体素质方面的水平。

现在，你可能想：我知道什么是体能了，但这和我买这本书的目的有什么关系？

我知道，大部分读这本书的人是希望自己看起来更有型，身体更健康，而不是改善他们的平衡能力、柔韧性和协调性。这是一个常见误区：大部分健身方法都是本末倒置。只有专注于这8项指标，而不是外形，你才能有最好的收获——你的身体能力和外形都将得到最大的改观。形式追随功能，优异的体能和健康且吸引人的体格是紧密相连的，而我这套全面发展各项身体素质的方法是创造它们的最佳途径。

自然而然，体能水平最高的人有最强的生存能力，而拥有最强生存能力的人是最具有吸引力的，这是大自然的进化机制所决定的。

那么，怎样提高各项身体素质？利用自身体重进行简短的力量训练并配以合理的营养计划。

6

营养：回归基础

我能想象得到：当一位受训者在食堂被告知他们每天至少要吃3顿饭时，他的回答会是："对不起，教官，这样肯定不行。你看，我正在采用葡萄柚饮食法减肥……"

现在，市面上有太多内容各异的关于饮食方法的书籍，其中的大部分不是鼓吹一个极端，就是宣扬另一个极端。糟糕的是它们中的很多都不健康，而且人们也没有办法一直遵循它们。当你去饭店吃饭或者参加宴会时究竟怎么吃才能不违背这些饮食方法？远离那些流行一时的饮食方法和神奇配方的空头承诺，遵循健康饮食的基本原理——平衡地摄入优质蛋白质、碳水化合物和脂肪。避免节食带来的种种问题，养成可以终身坚持且有益健康的饮食习惯。

在我们这个到处充斥着空头承诺和急功近利的时代，合理可靠的饮食原理似乎已经被丢弃；相反，我们被无效且不健康的流行饮食法以及与之相伴的来自所谓"专家"们的每每相互矛盾的建议所淹没。没有什么神奇药丸或创新饮食法能够让你轻松愉快地解决你所有的问题。想要拥有健康并长久保持这种状态，唯一可靠的方法就是理解并且坚持遵循健康饮食的基本原则。

健康饮食的价值再怎么强调都不为过，而且它可能远比你想象的更容易做到，理解基本原则然后形成习惯并不难。很多人只是需要改变一些旧习惯，纠正一些错误观念。吃得健康并不意味着吃得可怜，健康的饮食应当使你感到愉悦，而不是痛苦。

无论你是想要锻炼肌肉、减肥、提高运动能力、保持健康，还是四者兼有，你都只需根据自己的目标调整热量摄入量即可。其他部分都是一样的：坚持进行短促的、剧烈的、强度足够的力量训练，保证营养均衡的饮食。不管你的目标是什么，你都应当坚持力量训练，尽量保证晚上有7～8小时的睡眠时间，而且应当适量多餐以使能量供应保持平稳，远离午后疲乏。你的饮食习惯将不再是被饥饿牵着鼻子走，你的食欲将会得到控制。你已不是穴居岩处的原始人，不需要为了多储存一些脂肪而吃到腮帮滚圆——原始人有必要这样，因为很可能几天之内他们都不会再碰上一只长毛猛犸象。身体之所以储存脂肪是为了保存能量，不被饿死。如果你的身体习惯了每日多餐，它很快就会意识到它无需储存脂肪，因为它知道不会有长时间吃不到食物的状况出现。这意味着我们要每天吃5～6餐，每隔3小时左右吃一餐。

别担心，我将向你证明，这样做不仅可行而且不难。

如果这一章中的一些内容和大众观点相矛盾，你不要太惊讶，那些大众观点正是导致当今社会失控的肥胖率的罪魁祸首之一。下面，我们先从一些基本定义开始。认真读一读下面这些内容吧，它们会纠正你可能有的错误观念，而错误观念是我们实现目标的最大障碍。

热量

你的身体分解食物的时候释放大量热量。蛋白质、碳水化合物、脂肪或酒精含有的热量都不相同。体重的增加、减少或是维持在很大程度上（但并非完全）取决于热量的摄入量和消耗量。简单而言，大体上多余的热量会以脂肪的形式储存，而热量不足将会导致身体燃烧脂肪，以供给能量。

你吃了什么？吃了多少？

在营养学家和健身爱好者中，关于吃什么以及吃多少的争论一直很激烈。

有些人认为，体重控制就在于你吃了什么。他们相信只要你以适当的搭配食用正确的食物，你就一定能保持健康。吃那些错误的食物是造成我们对额外热量渴求的原因。因为糟糕的食物会导致内分泌紊乱，让我们的身体产生不满足和营养不够的感觉。

另一方面，热量摄入和消耗理论的拥趸则认为体重控制就是热量摄入量和消耗量哪个多哪个少的问题，跟食物来源无关。根据这种理论，一个保持每天都有500卡（约2093焦）热量短缺的人应该能每周减掉1磅(约0.45千克）体重，因为1磅体重相当于3500卡（约14651焦）热量(500卡乘以7等于3500卡）。

哪种观点是正确的呢？两派都有道理。不过，即便听起来可能有些好笑，我还是要说“你吃了什么？”那派更有道理。我的选择来自科学和数不清的经验教训，实践出真知。

诚然，持续的热量短缺会使你的体重减轻，但如果你体内有限的热量主要来自没什么营养的深加工食品，你就会感觉很糟并且一直想吃。此外，这样的饮食还会严重干扰你的内分泌，导致你的身体消耗肌肉而不是燃烧脂肪。这就是大多数人采取的节食方法，减肥者绝少能不反弹的原因也正在于此。

我很快就会讲到，身体的静息代谢率（RMR）是我们保持苗条的关键，而它在很大程度上取决于肌肉在我们身体中所占的比例，因为肌肉是热量消耗的主力军。必须要说的是，我们要把重点放在身体组成的积极变化上，而非仅仅在减肥上。减掉肌肉和我们的健康目标南辕北辙。遵循控制热量摄入量和消耗量的理论最多只能是权宜之计。一辈子都采用那种会扰乱你的内分泌、使你感觉疲劳饥渴的节食方法不仅不现实，而且不健康。

正确的方法是兼采两家之长。指望人们能一直保证完美搭配的膳食和那种指望人们能长期坚持忽视营养价值的节食减肥法的想法一样不现实。的确，每一餐都保证以正确比例摄入宏量营养素，可以将过度的食欲减到最低，但这说起来容易做

Hooya!

人类进化和动植物的栽培与养殖

蔬菜、水果、坚果、种子、肉类、蛋类、鱼类，就这些。

在数百万年中，我们的祖先仅仅依赖这些东西存活。一般而言，女性负责采集蔬菜、水果、坚果和种子，男性负责打猎。这些食物共同组成了一份足以维持健康生活的完整饮食。气候、地理条件和运气决定着各种食物的均衡程度。但要知道，不管每种食物各能吃到多少，我们的祖先可获得的食物只有这些，因此很自然地我们的身体适应这些食物。

直到大约1万年前，随着人类开始耕种农作物和驯养动物，人类才有了大量的面包、土豆、大米、面条和奶制品，这在人类的历史上只是很短的时期。这些相对较新的热量来源是我们的复杂社会得以发展的主要原因，我们的过度繁衍在很大程度上也与此有关。

不过，在这之前的数百万年中，我们的身体所适应的食物并没有这些新食物中的任何一种。从我们开始人工栽培植物、养殖动物到现在的这段时间相对于漫长的人类历史而言比较短暂，还不足以使我们能够在摄入由大量的面包、土豆、大米、面条构成的饮食的情况下健康地生活。确实，人类的寿命在这一时期增长了很多，但这也可以不归因于新的食物来源，而归因于人们不再居无定所，不用再时时忍受饥饿、缺水、疾病、伤痛、严寒，不用再用原始武器与猛兽搏斗。

因此，我们只要把这些新的热量来源视为补充就可以。如果你被各种营养学定义和规则搞得不知所措，就简单地问问自己：在人类开始耕种农作物和驯养动物之前的数百万年中，我们拿什么做食物?

起来却非常难。对我们大多数人而言，每一顿都吃完美搭配的食物是不可能的。我们应该尽量争取均衡饮食，如果做不到也至少应该保证每天（如果不能做到每一顿饭）都均衡地摄入宏量营养素——蛋白质、碳水化合物、脂肪。

宏量营养素

宏量营养素包括蛋白质、碳水化合物和脂肪。和流行的观点相反，每一种都是健康有效的饮食所必不可少的，不管你的目标是什么。有些流行的饮食方法主张把碳水化合物或脂肪从食谱中剔除。这样做至多能短暂起效，因为这样的饮食几乎没有可以长期坚持的可能。每种宏量营养素对我们的健康都极为重要，丢弃任何一种都将使你感到不满足和疲劳。

不管我们是想甩掉脂肪获得精瘦的肌肉，还是增大块头，吃下足够量的3种宏量营养素都最有利于我们实现目标。每一天，我们都应尽量使蛋白质摄入量达到每磅（约0.45千克）体重1～1.5克（以理想体重计算），其余的热量分别来自于优质的碳水化合物和脂肪（各占一半）。

碳水化合物

每克碳水化合物中含4卡（约17焦）热量。碳水化合物是重要的能量来源，尤其是对大脑而言。水果、蔬菜、意大利面、谷物、糖类、麦片和米饭都能提供碳水化合物。所有碳水化合物都由糖构成，根据分子中所含糖的数目，碳水化合物可以分为简单碳水化合物和复合碳水化合物。所有碳水化合物都需先转化为葡萄糖才能被人体吸收，进入血液循环系统，用于供能或储存下来供将来使用。

不同碳水化合物被吸收进血液循环系统的速度不同。过快进入血液循环系统的碳水化合物有很多问题，因为它们会引发强烈的胰岛素反应。胰岛素是一种重要的激素，它能调节血糖、促使葡萄糖合成脂肪或糖原（储存在肝脏和肌肉中的碳水化合物）。

简单碳水化合物、复合碳水化合物以及血糖生成指数

意大利面、土豆、麦片、蔬菜和谷物中都含有复合碳水化合物。复合碳水化合物需要先被分解为简单的糖，然后再转化为葡萄糖，才能被人体吸收。

简单碳水化合物存在于水果（果糖）、乳制品（乳糖）和食糖（葡萄糖）等食物中。

碳水化合物被吸收进入血液循环系统的速度影响胰岛素释放的强度。葡萄糖的快速吸收会导致胰岛素的大量分泌，这会驱动你的身体去储存脂肪，紧随其后的是因血糖骤降引起的疲乏和对糖的渴求。显然，这不是我们想要的，所以碳水化合物被分解为葡萄糖的速度越慢越好。

不过，事情并没有这么简单，不是只摄入复合碳水化合物就万事大吉了。有很多原因使得很多简单碳水化合物的吸收速度反而比不少复合碳水化合物还要慢。例如，大多数水果都含有会延缓消化的纤维素。而且，来自水果和乳制品的糖——果糖和乳糖——需要先转化为葡萄糖才能被吸收，这也延缓了消化速度。实际上，与意大利面相比，一个等量的苹果带来的饱腹感持续的时间更长。虽然意大利面含有的是复合碳水化合物，但这些碳水化合物被分解为葡萄糖的速度比果糖分解的速度要快。

为了让这个事情简单点儿，我们可以使用血糖生成指数来决定选择哪种碳水化合物。血糖生成指数表明碳水化合物的吸收速度。血糖生成指数低的碳水化合物吸收得慢（好），而血糖生成指数高的碳水化合物吸收得快（不好）。你可以在网上查到很多食物的血糖生成指数，你会发现很多水果和蔬菜的血糖生成指数比谷物和面食低得多。

选择碳水化合物的工作还没有结束。选择碳水化合物时，还得考虑它们的营养价值。食糖这类食物的问题不仅在于血糖生成指数高，还在于它们不含维生素、矿物质、纤维素或益生菌。理想情况下，我们食用的碳水化合物应当尽量接近它们的

原初形式，如我们应食用水果（而不是果汁）、生的或者蒸熟的蔬菜、牛奶和燕麦片。当今社会的肥胖问题很大程度上缘于人们摄入大量营养价值很低甚至毫无营养价值而血糖生成指数却很高的碳水化合物。很多人错误地认为，只要是脂肪含量低的食物就可以随便吃，血糖生成指数、营养价值和热量含量都无所谓。饼干、酸奶、能量型巧克力、果汁、麦片、汽水中都含有大量食糖，而食糖正是我们应当避免摄入的。

不时地想吃点儿糖很正常，但含糖过高的饮食会使这种欲望失控。问题之一是这些糖将引发胰岛素高峰，胰岛素会把血液中的葡萄糖洗劫一空，然后你就会感到疲劳，想要再吃一些糖，这是个恶性循环。

解决办法？摄入血糖生成指数低的碳水化合物。这种碳水化合物摄入的比例要尽可能地高，尤其对想要甩掉脂肪的人们来说，要将水果和生的或蒸熟的蔬菜作为主要的碳水化合物来源，因为它们的血糖生成指数最低而且有营养，其次则是奶制品和全谷物制品。

脂肪（朋友，不是敌人！）

别听信广告宣传，食物中的脂肪不是减肥的敌人。食物中的脂肪并不是必然会变成身体里的脂肪。脂肪不仅对保持精力和控制体重很重要，而且对维持生命而言也必不可少。

每克脂肪含9卡（约38焦）热量，远大于蛋白质和碳水化合物。食物中的脂肪分两种：饱和脂肪和不饱和脂肪。

饱和脂肪会提高胆固醇和甘油三酯水平以及心脏病发病率，其来源主要是动物类食物和含有氢化油的食品——从人造黄油到松饼、炸鱼排、薯片、爆米花，另外还有快餐连锁店里的很多食品。

不饱和脂肪会降低胆固醇和甘油三酯水平以及心脏病发病率，其来源主要是鱼类和植物类食物，如坚果、种子、未氢化的菜籽油、大豆、橄榄、橄榄油和亚麻籽油等。

这两种脂肪都能增加饱腹感，改善食物口感，提供大量能量，延缓其他营养素的吸收。这就是低脂肪食品会使人们疲劳和总是想吃东西的主要原因。因饮食中增加了一些脂肪而出现的饱腹感会使你摄入的热量少于没有这些脂肪的时候。

食物里的脂肪还有助于体内的激素调节。研究显示，从脂肪中获得的热量小于总热量的30%的男性所产生的睾酮比饮食中有更多脂肪的男性要低25%。

脂肪应当在我们的总热量摄入中占25%～35%，但一定要以优质的不饱和脂肪为主。一小把坚果和种子、沙拉中的一点儿健康的油、再加上很多鱼就能提供给你足够的不饱和脂肪。你所摄入的饱和脂肪应当只是乳制品和肉类中正常含有的，而非来自炸薯条、黄油、薯片或其他垃圾食品。

蛋白质

蛋白质是最重要却最常被忽略的宏量营养素。蛋白质会分解为氨基酸，而氨基酸是修复人体内的细胞、组织（包括肌肉），使它们再生的基础材料。摄入足够的蛋白质不仅对保持肌肉极其重要，对增长肌肉更是如此。蛋白质使你产生饱腹感的速度要快于碳水化合物和脂肪，对于正在减肥的人显然大有裨益。每克蛋白质含有4卡（约17焦）热量，其主要来源为家禽、肉类、鱼类、奶制品、大豆、豆腐和鸡蛋等。

通过阻力训练锻炼肌肉的人的蛋白质摄入量为每磅（约0.45千克）体重约1.5克（以理想体重计算）。通过限制热量摄入量减肥的人的蛋白质摄入量也应至少保证每磅体重约1克（以理想体重计算），能达到1.5克更佳，这可以避免在减脂的同时损失肌肉。计算一下，你可能发现这比你平时摄入的蛋白质要多。这意味着一个体重150磅（约68.04千克），理想体重是130磅（约58.97千克）的女性每天需要130～195

Hooya!

水

水在大多数时候都得不到足够的重视，然而没有一种营养素比它更重要或者更必需，并且和它有同样大的需求量。保持适当的水合作用是健康生命的基础。每一天我们都会经由排尿、出汗和呼吸损失2～3升水。

除了帮助你塑造肌肉，饮水还能帮助你对抗肥胖、发烧、哮喘、关节炎、抑郁症，缓解便秘、气色不好、腹痛或鼻塞等症状。事实上，你很难找到一种不能因多喝水而缓解的疾病。

男性体内大约有60%是水，女性大约是50%。想一想这个事实：如果没有食物，你可以存活数周，但如果不喝水，你只能存活6天。你体内的水仅仅减少1%，你就会感到口渴；减少5%，肌肉力量和耐力就会衰退，同时你会感到燥热和疲惫；失水达到10%，你会精神错乱、视力模糊；失水达到20%，你就没命了。

摄入足够多的水不仅有助于消耗热量，还能使肝脏更有效地运送和代谢脂肪。水有助于机体排毒以及向细胞运送营养。维生素、矿物质和电解质的平衡也需要足够的水，这样才能保证你肌肉的完全运动幅度，防止肌肉痉挛，调节心率。通过维持适当的血黏稠度，水有助于调节血压，促进血液中脂肪的运动，以防动脉粥样硬化。水还能避免因脱水和口渴而产生的饮食冲动。

不要等到口渴才想起喝水，那就像是在高速公路上开到油箱全空不得不在应急车道停下时才想起加油一样。那时已经太晚了，当你感到口渴时，你已经脱水了。

饮水的通行标准是每天不少于8杯，即至少2升。你的尿液应为无色或微黄。只要情况允许，请尽量随身携带水杯。

最后，美国对瓶装水的管理标准并不如自来水严格，所以最好的选择是对你的自来水进行过滤——既为了你自己也为了环境。

克蛋白质。但请相信我，一旦你重新排列宏量营养素的优先次序，效果很快就能看到。蛋白质应当是每一餐的中心，选好你的蛋白质来源，再辅以健康的碳水化合物和脂肪（如果需要的话）。请记住，即便每天吃195克蛋白质，也只不过摄入了780卡（约3265焦）热量，即便节食者也有空间摄入足够的其他宏量营养素。

有可能，至少是在刚开始的时候，你得记录你的蛋白质摄入量，以保证它是足够的。一个结实的、体重为180磅（约81.65千克）的男性每天至少得吃5顿含有36克蛋白质的饭。就像很多蛋白质能量棒和饮料一样，一杯只含有13克蛋白质，却大量添糖的"超级蛋白质"饮料是远远不够的。你得开始阅读食物上的营养标签，自己做计算。

这里的关键是把垃圾食品扔掉，摄入优质的低脂肪蛋白质，如去皮鸡肉和火鸡等瘦肉、海产食品（金枪鱼罐头最物美价廉）、蛋清、各种低脂肪冷切肠、大豆、豆腐、某些素汉堡、低脂肪奶酪和其他奶制品。再说一次，在超市中购物时读一读食物上的营养标签，你会惊讶于高蛋白质低脂肪食品的数量。

静息代谢率（RMR)

静息代谢率是指在休息时维持你身体所有机能所消耗的总热量。静息代谢率约占你身体总热量消耗量的65%，其他热量则通过活动消耗。静息代谢率由很多因素决定，其中一部分由基因决定，其他因素则是我们可以控制的。

静息代谢率的主要决定因素是无脂体重，静息代谢率的80%都受此因素影响。改变无脂体重的方法只有一种：增加肌肉。我们的静息代谢率在30岁之后每10年降低5%左右，主要原因就是肌肉随着年龄增长而减少。幸运的是，我们的无脂体重可以通过摄入合理的营养和进行力量训练来控制。只需几个月的训练即可弥补10～20年中下降的静息代谢率。在新陈代谢过程中，肌肉是能耗很高的组织，即使在休息时也不例外。

另外一种能对静息代谢率产生积极影响的方法是为我们的身体提供稳定的营养供给。我们身体的自我调节能力非常强，在饥饿的情况下会降低静息代谢率来适应。它会尽量减少热量消耗，把省下来的热量以脂肪的形式保存起来。那些苛刻限制热量摄入的节食方法忽视了这个原理，因此用那些方法减肥的人们的体重大多会反弹，至少反弹回原始水平。当你以少量多餐的形式稳定地摄入热量时，你的身体就不会保护性地降低静息代谢率，它会把那些热量消耗掉，而不是储存为脂肪。

少量多餐还利用了食物的热效应。进食会使你的新陈代谢水平暂时提高。一天中进餐次数越多，你的新陈代谢就越能稳定地维持在较高的水平。每次进餐都会使你的静息代谢率提高5小时左右，这占到你总热量消耗的5%～10%。从长远来看，这将产生很大影响。

高强度的训练也能提高新陈代谢水平，其有效时间可以延长至训练结束后的48小时。这就是高强度的间歇训练比有氧运动和稳态训练有效得多的主要原因之一，有氧运动和稳态训练的强度太低因而对静息代谢率的影响有限。

计算日常热量消耗

如果你不愿自己计算，你可以在网上找一个RMR计算器，让它帮你计算。

男性静息代谢率

10×体重（千克）+6.25×身高（厘米）−5×年龄+5

女性静息代谢率

10×体重（千克）+6.25×身高（厘米）−5×年龄−161

算出数值后，和下面列出的符合你的运动量水平的数值相乘，得到的结果即为你的日常热量消耗量。完全遵循我的训练计划的人应当乘以1.55（中等活跃）。

1.2＝静坐的（几乎不锻炼或运动）

1.375＝轻度活跃（少量锻炼或运动，每周1～3天）

1.55＝中等活跃（适量锻炼或运动，每周3～5天）

1.725＝很活跃（大量锻炼或运动，每周6～7天）

1.9＝极其活跃（高强度锻炼或运动，从事体力劳动）

减肥

减肥的关键：

- 通过进行力量训练练出能够消耗热量的肌肉；
- 通过控制饮食使体内热量适度缺乏。如你所知，这意味着饮食营养均衡而且摄入的热量比消耗的少。

你可能还不知道，每磅（约0.45千

Hooya!

肥胖和饭量

请记住，你不是高马力赛车，你不需要把“油箱加满”。一顿饭吃好和吃饱有1000卡（约4186焦）左右的热量差别。更糟的是，吃饱和吃撑的差别大概有2500卡（约10465焦）之多！因此，如果你去美食街吃了一顿自助大餐，然后捧着肚子离开，那你可能狼吞虎咽了4000卡（约16744焦）多余的热量下肚。典型的反应是第二天去做一些有氧运动来让这些热量燃消耗。但要通过进行有氧运动来消耗掉这些热量，你需要持续慢跑20小时。问题不是如何消耗热量——这事我们在睡觉时都在做，而是我们向嘴里塞的东西太多。

培养一种吃到不饿即可的习惯，而不是吃到吃不下为止。别忘了，如果你听从我的建议，你会在2.5～3.5小时后吃下一餐。不要着急，细嚼慢咽，放松。身体需要15～20分钟才能确定你到底饱到什么程度。急吃急喝的习惯可能很难改变。不过，一旦你改为少量多餐，你很快就会发现，你变得更有精力，幸福感也得以提升。

克）体重含有3500卡（约14650焦）热量。所以，如果你想每周减1磅，你只需要使每天摄入的热量总量比消耗的少500卡（约2093焦）。

通过控制热量摄入量，再加上燃烧热量，你即可实现目标。热量可以通过锻炼、日常活动消耗，也可以通过增加肌肉、多次进食提高你的静息代谢率来消耗；另外，锻炼后出现的静息代谢率的上升也可以导致热量消耗。

体重每周减少0.5～1.5磅（0.23～0.68千克）是最适宜的。如果你超重很多，你每周应减1.5磅（约0.68千克），即每天摄入的热量比消耗的少750卡（约3139焦）；如果你超重不多，你每周应减0.5磅（约0.23千克），即每天摄入的热量比消耗的少250卡（约1046焦）。

稳扎稳打地减肥会防止肌肉衰退，还能尽可能地增大永不反弹的可能。不要因为急于求成而什么都不吃或者做大量有氧运动——这二者都会导致肌肉衰退，与你长期减肥的目标相矛盾。在理想情况下，你希望增加肌肉以提高静息代谢率。你必须尽一切力量防止肌肉衰退。如果你减肥减得过快，那不仅会阻碍肌肉生长，还会使你的身体分解已有的肌肉来供能，这就走向错误的极端。请记住，你要考虑的不仅仅是体重，还有身体组成——更少的脂肪和更多的肌肉。

Hooya!

出去吃饭？

饿着肚子去饭店或者去参加聚会经常会导致暴饮暴食，雪上加霜的是这些一般是你吃下最多不健康食物的场合。在饭店吃饭的时候你无法控制食物的原料，不像你自己准备饭菜时那样。即便你只点菜谱上最健康的食物，你仍然会被厨师的用油量吓到。

能避免在饭店中吃饭时或者参加聚会时吃得太多的妙招是，在出门前先简单地吃一顿。这样的话，到那里之后，你的注意力就集中在玩得开心上，而不是等着填饱肚子。你将会好好享受朋友相聚的时光和餐馆或聚会的气氛，而不是想着节食还是大快朵颐。你点的餐比以前少，节省了花费，而且你能真正享受美食，因为你吃东西是为了满足你的味蕾，而非你空空如也的胃。

所以，别因为你一周要去饭店吃几次饭而紧张。只要尽量吃得营养均衡，不要暴饮暴食就可以了。

你所需要做的只是提前加一餐。别忘了，你需要到饭店、等到座位、拿菜谱点菜、再等待上菜，这样看来，从你出门算起，很有可能你至少要过1小时才能吃上东西。所以，请提前做好准备，永远不要空着肚子出门。吃一点儿东西再出发，到饭店少点一些，这样玩得更开心。

减肥的要点：

- 控制每天摄入的总热量，让摄入的热量比消耗的少250～750卡（1046～3139焦），从而达到每周减0.5～1.5磅（0.23～0.68千克）的目标。
- 每天吃5餐，每隔2.5～3.5小时一餐。
- 坚持进行紧凑的、高强度的力量训练来打造肌肉，以使你的热量消耗最大化。
- 保证蛋白质的摄入量，每磅（约0.45千克）体重1～1.5克（以理想体重计算），剩余的热量主要由血糖生成指数低的碳水化合物和不饱和脂肪提供。尽量远离加工糖，到处都有它们的身影！
- 不要过度节食，也不要暴饮暴食。

增重

要增加体重，你需要使热量的摄入量大于消耗量。多出来的热量最终是变成肌肉还是脂肪，在很大程度上取决于你是否向身体提出了增加力量的需求。那么怎样提出这样的需求？坚持进行紧凑的、高强度的、主要由各种类型的俯卧撑、引体向上或深蹲等复合动作组成的力量训练。

密切注意你的身体组成。如果你发现脂肪增加得超过你能容忍的限度，就把热量的摄入量减少一点儿。反之，如果你没有看到任何改变，就得增加热量摄入量。

请记住，如果你正在努力打造肌肉，在这个过程中增加一些脂肪是难免的。别为这个担心太多，专注于吃够量和提升力量。然后，等肌肉达到你想要的程度后，再把重心转移到减脂上。

增重的要点：

- 每天摄入的热量比消耗的多500～1000卡（2093～4186焦）。
- 保证饮食营养均衡。蛋白质摄入量达到每磅（约0.45千克）体重1～1.5克（以理想体重计算），剩余的热量分别来自碳水化合物和以不饱和脂肪为主的脂肪，二者各占一半。
- 每天吃5～6餐，每隔2.5～3.5小时一餐，吃足量的水果、生的或者蒸熟的蔬菜、坚果、种子、肉类、鱼类和奶制品。
- 坚持进行力量训练。

膳食补剂

如果你在一天中有规律地进食，你体内的能量水平就会保持稳定，你不会挨饿，而且你体内的新陈代谢也能得到足够的能量供给。不过，说实在的，大部分人都太忙而没时间每天做6顿营养丰富的饭。所以，你可以前一天晚上就把饭做好，然后将它们放入冰箱，第二天拿出来用微波炉加热，这样就大功告成了。

另外一个好办法是有2～3餐是喝蛋白质饮料或吃能量棒，用它们和正常三餐搭配。吃这些东西，你既不需要买菜做饭，也无需清洗和整理厨房。在这里，我推荐蛋白质饮料，因为运动型能量棒往往含有大量的糖和其他不必要的添加剂。

如果你想增大块头，你可以选择高热量的“增重”蛋白质饮料。如果你想减脂塑形，你可以选择蛋白质含量高于碳水化合物含量的膳食补剂，并向其中加入1勺亚麻籽油。一定要记住，大部分奶昔状的膳食补剂中含有麦芽糖糊精，它能使饮料变稠，但它的血糖生成指数很高。市场宣传往往宣称，麦芽糖糊精对人体没什么坏处，因为它是复合碳水化合物，千万不要相信这种论调。如果你的补剂中含有麦芽糖糊精，请试着加入1勺亚麻籽油以延缓吸收。

出门在外时加餐的简单方法之一是在水瓶里装一些蛋白粉，需要的时候加水冲调。为防止粉末结块，你可以先用一半的水调匀，再添加剩余的一半水。如果你的蛋白粉仍然会结块，那你就需要换另外一个品牌试试。我的经验是容易调和的膳食补剂也容易吸收。

Hooya!

训练后加餐

这是最重要的一餐，也是前面所讲的饮食法则的一个例外。在训练结束后，你需要尽快补充：

- 30~50克精益、完全蛋白质，如乳清、大豆、鸡蛋、鸡肉或鱼肉
- 30~50克血糖生成指数高的碳水化合物

为什么需要精益蛋白质？因为脂肪会延缓蛋白质和碳水化合物的吸收。在锻炼时，肌肉组织受到了轻微的损伤。在锻炼结束后的一段时间内,蛋白质合成速度达到顶峰。如果你在锻炼结束后的45分钟内，为肌肉提供了大量氨基酸——蛋白质的主要成分，肌肉组织就能更好地自我修复。乳清蛋白粉是训练后补充蛋白质的最佳选择，因为它的吸收速度极快，而且在所有蛋白质中，它是人体利用率最高的。

为什么需要血糖生成指数高的碳水化合物？锻炼刚结束后是唯一适合吃会被迅速吸收进入血液的碳水化合物的时机。大量葡萄糖能使胰岛素达到峰值。胰岛素有助于把蛋白质运送到肌肉以修复已有肌肉和制造新的肌肉，还能调节葡萄糖的存储、补充和使用。在锻炼过程中，储存在血液和肌肉中的葡萄糖为我们的活动供能。如果消耗的葡萄糖没能在锻炼结束后的45分钟内补足，你的身体会很快地从合成代谢状态（肌肉生长和修复）转到分解代谢状态（分解身体的肌肉以获取蛋白质和能量）。胰岛素会使机体补充和储存糖原，而血糖生成指数高的食物最易引发胰岛素的释放，所以在锻炼结束后，你最好摄入血糖生成指数高的碳水化合物，并搭配精益蛋白质，这是合乎情理的。

一种简单有效的锻炼加餐是乳清或大豆蛋白补剂，并配以麦芽糖糊精或简单糖类，作为碳水化合物来源。

Hooya!

蛋白粉

我不会像某些作者那样，去推荐一种我代言或拥有的品牌。事实上，大多数品牌的蛋白粉都大同小异，因此你只要选自己喜欢的即可。我要提醒的是，请留意蛋白粉的碳水化合物含量，很多时候它们是加糖的。除非你想要增重，否则你选择的蛋白粉中的碳水化合物含量就不应超过蛋白质含量的一半。此外，告诉你一个省钱的秘密，你究竟购买哪种蛋白质并不重要，只要是完全蛋白质——即含有所有人体必需的氨基酸的蛋白质——就行，乳清、鸡蛋、牛奶和大豆蛋白质都符合要求。即便你的蛋白粉含有最新的“乳清分离离子”之类的神秘物质，它与普通蛋白粉也没有多大区别。在塑造肌肉这一方面，40克的乳清分离蛋白的作用与40克的浓缩乳清蛋白或大豆蛋白是一样的。

下面列出的是一个配合膳食补充的饮食计划：

- 第一餐：麦片粥、鸡蛋、半个鳄梨
- 第二餐：训练之后的蛋白质膳食补剂加餐
- 第三餐：金枪鱼、加橄榄油和香醋沙拉酱的沙拉、香蕉
- 第四餐：加亚麻籽油的蛋白质饮料
- 第五餐：鱼肉和蔬菜

不喜欢吃早饭的人可以试着用蛋白质饮料来代替早饭。你的身体已经空腹斋戒一整夜，第一餐有驱动新陈代谢和提供身体必需营养素的重要作用，千万不要忽视它。

记录饮食日志

毫无疑问，坚持一段时间之后，合理饮食会成为你的第二天性。但如果你刚刚开始，记录饮食日志真的很有帮助。有了它，你就可以审视自己的饮食，清楚自己吃了什么以及吃了多少。你的计划至少应当包含以下几方面内容：

- 你的目标是什么？如果目标是减肥，那你期望的体重减轻速度是多少？你期望达到的体重是多少？
- 你消耗多少热量？
- 你需要摄入多少热量？
- 你的饮食计划是什么（吃什么？什么时间吃？）？怎样使你的饮食方案适合你的生活方式？
- 你的饮食结构平衡吗？你应当保证蛋白质摄入量达到每磅（约0.45千克）体重1～1.5克（以理想体重计算），剩余的热量由血糖生成指数低的碳水化合物和以不饱和脂肪为主的脂肪提供，二者各占一半。

饮食是否健康主要在于两点：每种宏量营养素我们分别摄入了多少和我们摄

入的总热量。监控它们的最简单方法就是阅读食品包装上的营养标签，了解一份食物含有的热量和宏量营养素的比例。我已经告诉过你，哪种蛋白质、碳水化合物、脂肪最好。常见食物的食用份量、热量含量、宏量营养素成分和血糖生成指数都可以在网络上查到。

营养均衡的重要性再怎么强调都不为过。对达成健康目标和维持健康而言，充分理解饮食基本原理并对其加以运用是绝对必要的。你一定要清楚地了解自己究竟吃下了什么东西，并应用我的基本原则。这样，再加上足够的锻炼，最终你很轻松就能达成目标。

Hooya!

把垃圾扔出去！

避免吃垃圾食品的最好方法是压根就不让它们在你的家里出现。你不会受到诱惑而吃得不健康，因为根本没有能诱惑你的东西。你会发现你吃的都是有益健康的食物，而它们才是你的身体一直渴望的，即便你的脑子并不是这样想的。

7

力量训练的常见认识误区

认识误区
局部减肥

啊，是的，那种可以只减少某个特定身体部位的脂肪的古老信念，每个夏天都会被时尚杂志热炒一番："想减掉小肚子吗？做仰卧起坐就行！"

嗯，其实事实不是这样的，完全不是。实际情况是，如果你的肚子上有脂肪，做仰卧起坐并不会带给你6块腹肌。每天做几百个仰卧起坐确实能加强你的腹肌，但这并不会减掉你肚子上的脂肪。

脂肪减少是在你的全身同时进行的，不过这只有在你的热量摄入量少于消耗量时才有可能实现，而增加肌肉是提高热量消耗效率的最有效方法。事实上，锻炼你的大腿或者肩膀一样能使你肚子上（还有全身各处）的脂肪减少，而且由于它们是更大的肌肉群，锻炼它们可能比做仰卧起坐更有效。

如果你没有在全身上下减掉足够多的脂肪，使腹肌显现出来，那么锻炼腹肌只会将腹部的脂肪向外推，使其更明显。

那么，你怎么才能甩掉腰间的赘肉、松弛的臀部或软软的小肚子？好好吃饭，通过力量训练打造肌肉。而你身体不同部位的减脂速度则由你的基因决定。

认识误区
肌肉能变成脂肪

脂肪细胞和肌肉细胞有完全不同的功能，而且二者不会相互转换。一个人从"硬梆梆"的肌肉男变成"胖乎乎"的赘肉男是因为他的热量消耗量不再多于摄入量。这在很大程度上可以归咎于肌肉减少导致的新陈代谢率下降，而肌肉减少是因为没有足够的刺激。肌肉并不会神奇地变身为脂肪，只是肌肉减少而脂肪增加。

认识误区
力量训练会使你的肌肉过度发达

在世界各地都经常会听到女性说："我不想练得肌肉太发达。"有些人在看到力量训练最初几天的效果后，就因为担心自己会变成下一个奥林匹亚小姐而退缩了。你可能还不知道，男性和女性的职业健美者都会使用类固醇和其他违禁药物，你在健身房里看到的那些大块头也很有可能这样。如果不使用药物，人——包括你——根本不可能练出那样的块头。

无论是男性还是女性，在力量训练的最初几周都经常会出现肌肉增长的情况，这很大程度上是因为肌肉的血液循环增强。与之类似，早期的力量增强多是由于神经系统对新动作的适应，而不是因为肌肉增长了。

担心你会一不小心变得比你计划的更强壮或是你的肌肉会开始疯长是毫无根据的。对女性来说，能持续不断地每个月长0.5磅（约0.23千克）肌肉已经很了不起了。男性的话，每月长1.5磅（约0.68千克）也很不容易。请记住，这完全是理想情况。肌肉发达的身体是坚持力量训练和摄入合理营养的结果，它不会一夜之间或一不小心练成。

这正好引出下一个认识误区……

认识误区
女性的锻炼方法有别于男性

女性如果进行力量训练就会变得过度强壮是一个常见的误解。其实不会这样的，除非开始吃药和注射什么东西。

根据性别而改变锻炼方法是没有道理的。男性和女性的肌肉和脂肪增加或减少的方式是一样的。诚然，男性和女性的目标往往不同。不过，可能出乎你意料的是，这些不同的目标可以通过相同的锻炼方法达到。

多数女性不是想要练出强壮的胸肌和上肢，而是想使整个身体紧致而匀称，尤其是最容易随着年龄增长而变胖的腿部和臀部。而看似奇怪的是，要达到目标，她们选择的锻炼方法应该和想要增大块头的男性一样，大多数时候，女性在健身时只是把胳膊带去“看热闹”的。请记住，男性和女性的肌肉没什么区别，只是尺寸不同。女性因为做上肢练习而练出肌肉发达的粗壮胳膊的可能性微乎其微。即便是服用足量的类固醇的职业女性健美者也不会练出过于强壮的上半身。一些女性一直不知道，如果她们像锻炼自己的下肢一样锻炼上半身，她们的小腹会更加平坦，臀部会更加紧致，因为她们的无脂体重增加了。还是那句话，打造并维持肌肉就是燃烧脂肪和消耗热量的最有效手段。

与之相反，男子汉们则被教导去使用卧推器、背阔肌下拉器、深蹲架以及其他各式各样的健身器械，殊不知这些单调的器械能实现的效果（无论是在身体的功能性还是在外形上），都比不上使用全面的自身体重训练法的效果。

认识误区
越多越好

有些人凭感觉认为锻炼次数越多，锻炼时间越长，效果就越好。肌肉是我们燃烧脂肪最有效的工具，所以我们应该不要让营养不良和过度锻炼妨碍肌肉增长。记住，肌肉增长发生在你休息的时候。

营养不良和过度锻炼是健身新手和老手都最容易犯的错误。准确地说出超过多少就算过度是不可能的，因为有太多因素需要考虑，包括基因、饮食、睡眠时间、锻炼强度、锻炼频率、锻炼时间。最好的办法是注意是否出现以下这些过度锻炼的信号：停滞不前、长期疲劳、兴趣下降、频繁受伤以及静息心率增高——以早晨起床前测量的数据为准。

如果怀疑自己锻炼过度，你可以试

着调整以下一项或几项：饮食、睡眠时间（尽量每晚7～8小时）、锻炼强度、锻炼频率、锻炼时间。

认识误区
孤立练习能改变肌肉形状

你的肌肉只能变大或变小。肌肉大小改变后的形状是由你的基因决定的，而不是由你所做的具体的练习决定的。

不过，你要记住，经常被我们视为单个肌肉的某些肌肉群（如肩膀、大腿或背部）的形状可以通过重点锻炼其中的某一块肌肉而改变。

举个例子，增大的三角肌后束可以使肩膀在从侧面观察时呈现漂亮的心形，你的三角肌后束的形状是一定的，你能控制的只是它的大小。

类似地，你可以通过在深蹲时让脚尖指向身体外侧来锻炼你大腿上的股内侧肌（位于膝盖内侧上方）。相反的，在做深蹲时使脚尖略微转向身体内侧则可以锻炼你的股外侧肌，塑造你大腿外侧的弧线（让女人拥有比基尼美腿的东西）。

认识误区
高次数能加大清晰度，低次数能增大尺寸

你身上的某块肌肉的轮廓并不会因为高次数地做任何一种练习而变得更清晰。肌肉轮廓的清晰度是由它的大小和它周围脂肪的多少决定的，仅此而已。

为了使肌肉更清晰地显现出来，我们需要最有效地打造肌肉和燃烧脂肪。为了消耗额外的热量而做很多次反复是极其低效的，而且增肌的成效也很有限。我们应当谨记，帮助我们消耗热量的最重要盟友：你猜对了——肌肉。

练出轮廓清晰的肌肉的方法是高强度间隔训练加上合理的营养。如果体型过大，只要减少热量摄入即可，因为营养是体型大小的主要决定因素。大多数成年男性保持每天摄入1500卡（约6279焦）热量并且做某种练习（完成2～5次反复）就不会发胖。

和高次数锻炼相比，由具爆发性的强力动作组成的低次数锻炼确实会让肌肉增大（但不会降低清晰度），因为爆发性动作所需的快缩肌纤维要比非爆发性动作所需的慢缩肌纤维大得多。不过说真的，如果你的目的是练成大块头，难道你不想调用所有可以调用的肌纤维，而不是仅调用快缩肌纤维吗？

同样地，为了“清晰度”——也就是说，减少身体脂肪以使你的肌肉更清晰地显现出来——难道你不想调用一切可以调用的肌纤维？别忘了，影响我们的静息代谢率——也就是脂肪消耗能力——的头号因素是肌肉。

唯一需要根据你的目标——无论是变匀称还是增大块头——调整的是营养。

认识误区
力量训练使你变壮，而有氧运动使你变瘦

还是那句话，饮食是决定身体组成的主要因素。虽然有氧运动这类节奏平稳

的锻炼会稍微增加热量消耗量，但它对增加肌肉没有多大帮助。如果不做力量训练，你就忽视了消耗热量的最佳武器：更多肌肉！我想你一定明白我的意思……在提高静息代谢率方面，没有什么能比肌肉更有效。多出来的那些肌肉足以在一天中消耗掉一堂普通的有氧训练课所能消耗的热量，增加的肌肉会使你在睡觉时都能消耗更多热量。

要想增重，增加你的热量摄入量，并且通过力量训练打造肌肉。

要想变瘦，减少你的热量摄入量，并且通过打造肌肉提高你的静息代谢率。

认识误区
增肌的同时不可能减脂

如果你之前很长时间都没有锻炼过，那么在你刚刚开始按照本书中的方法锻炼时，在营养合理的前提下你会在减肥的同时感受到力量的提升。对运动健将来说，这确实比较困难，但也绝非不可能。如果你饮食中的复合碳水化合物、脂肪和蛋白质能达到完美的平衡，你的身体就可以同时实现这两个看起来不能兼顾的目标。

认识误区
严格节食

人们常常为了减肥而饿肚子，这绝对行不通！

机体很善于适应和调节，它会降低新陈代谢率以弥补热量摄入的不足。它会努力守住你摄入的每一点儿热量，因为它不知道什么时候你才会吃下一顿饭，在你的热量摄入量恢复到正常水平之后，你的新陈代谢率依然维持在低位。因此，严格节食的人的体重一般会回复到原来的水平，甚至很多时候还会超过原来的水平。

如果你想要减肥，你就不应该饿肚子。合理营养、少量多餐是获得长久成功的关键。

8

借口和动力

每次我走进一座漂亮的房子见到一脸自豪、浑身赘肉的主人时，我都非常震惊。他们没有搞明白本末终始，我们真正的家不是房子、城市甚至国家，而是我们的身体。只要你还在这世上，它就是你的灵魂和精神唯一一刻都不离的栖居之所。它是这世上你能照料的有形之物中最最重要的。

我们需要作出选择：是好好照料我们的身体，还是任由时间侵蚀它。此时此刻，我们就必须作出决定，而不是以后再说。这个世界上的大多数人都没有好好照顾自己的身体，他们体重超标、精神倦怠地度过平庸的人生；他们任由岁月摆布，他们的腰围渐宽、身高缩短、腰伤背驼；最后，他们衰老得行动困难，他们往往不能活到自己应有的寿命。

有一少部分人则与此不同，他们真真正正地决心为自己的健康做些什么。他们坚持锻炼，同时也关注自己的饮食，但并不会摄入过量的营养。他们懂得基本的营养知识，每周有四五天都会锻炼，每天锻炼20～30分钟——只占他们总时间的不到1.2%，而这完全足够。他们有身体、精神和灵魂上的力量来应对人生中的困难。他们在意自己的外表，而他们看起来也很棒。由于坚持锻炼，他们每一天都精力充沛。抑郁、焦虑、神经质、紧张、厌烦、急躁等等这些生活中的负面情绪都一扫而空，他们因此而思维清晰敏捷。他们知道，如果不锻炼，生活会变得多糟糕，所以他们根本不会让这种情况发生。他们掌控着自己，而不会让他们的借口掌控自己。

借口，借口……

在健身房里环顾四周（如果你会去健身房的话），你会发现体型最好的人通常不是参加有氧班或者瑜伽班的那些，也不是在教练的带领下一个器械接着一个器械锻炼的那些，而是那些独自锻炼的人。他们有动力和知识来定制自己的健身计划。不过，即使是他们也没有迈出独立的最后一步：走出健身房，再不回头。

人们对于健身的很多认识其实阻碍了他们的进步。健身中心、训练班、教练、卧推、哑铃、器械等等都是拐杖，都是人们不去全力以赴来使自己的体能水平达到最好的借口。令人感到讽刺的是，人们常常觉得十分有必要逼自己在健身房里进行更艰苦更漫长的锻炼，而不是采取本书介绍的简便有效的自身体重训练法。

在服役期间我造访过数百家健身房。事实就明摆在眼前，我观察健身房里的人，然后再看看我的特种部队士兵，他们简直有天壤之别。而你只需要牺牲一丁点儿时间就可以消除这种差别。我的意思是，谁会抽不出时间或是找不到动力坚持每天锻炼20～30分钟（每周锻炼四五次），从而完全改变他们的人生？

请记住，你当然可以找一个健身伙伴一起完成我的健身计划，但永远不要依赖他／她——那不过是另一根拐杖，另一个不能在任何你想要的时间、地点独自锻炼的借口。在我所认识的真正健康的人中，有99%都是自己一个人锻炼的。

你需要在精神上完全地独立，才能取得长期成功。只有你知道自己需要什么以及什么时候需要，也只有你能感受你自己的肌肉、心肺和筋骨的感觉，最终只有你能使自己的身材变好。你所需要的一切就是：你自己。

你永远不会等到完美的健身时间和健身条件。你要主动创造它们，就像我们每天、每分、每秒都在寻找不锻炼的借口一样。

如果你在早晨锻炼，闹钟上的止闹按钮会诱惑你，把你引向身材走样的平庸生活。起床锻炼还是关掉闹钟？我们面临抉择：是再睡30分钟，还是开始健身？你想练出最棒的身材，但是你真的很累，昨晚工作到半夜，而今天更忙……理由很多，我们都遇到过这种情况。

你想练出最棒的身材，但你不愿意放弃30分钟的舒适；你想变瘦却不愿意改变不健康的饮食习惯；你想健身但也想坐在沙发里休息……这样的例子不胜枚举。你的大脑制造借口的能力高得惊人。到底什么对你更重要：你的目标还是阻碍你实现目标的那些东西？

下一次你因为某个理由而取消锻炼的时候，你就明白了：对你来说，那个理由比你为自己设定的目标更重要。你失败了。

我一次又一次地见到这样的事情。放弃和失败很快就会成为习惯。我们会越来越容易让步，而如果每次我们能不向自己的软弱低头，我们的担当和决心就会越来越强。

一旦完成我的简短锻炼，你就会获得巨大的收益：紧张情绪一扫而空，身心如获新生，自信大增，能使你情绪高涨的内啡肽在你体内充盈。这就是把借口和身外世界放在一边，为自己拿出几分钟时间的结果，绝对物超所值。

永不言弃和保持一个成功者的心态事关长远的目标能否实现。一旦你清楚地知道自己想要什么——无论是更大的肌肉、小一号的腰围、更好看的腿还是连续做5个倒立撑——你就必须立即制订计划，并按计划锻炼。

没有针对目标制订计划是一个常见的错误。在军事上，任务计划是逆向制定的。在目标完全明确之后，你从目标达到时的行动开始，反向计划任务成功的标准是什么以及达到目标所应采取的手段。之后，计划的执行只是一个坚持不放弃的过程。

在你手中已经有了一套行之有效的锻炼方案和合理的营养建议，塑造最佳身材的工具已经齐全。那是一个非常现实，也可以实现的目标。你只要坚持锻炼，辅以合理均衡的饮食，就能到达目标：它真的就这么简单，能阻止你的只有你自己。

请记住，这不是什么漫长的健身计划或什么疯狂的节食计划。在今后的生活中提高效率所节省的时间会远远多于一周锻炼四五次所用去的那些时间。

坚持按照一套行之有效的健身计划来锻炼的好处有成百上千，其中一点经常被忽视，那就是你服务他人的能力增强了。你不仅更加强壮和结实，意志也变得更强。你的朋友、爱人和同事拥有了一个更棒的你。花费一点儿时间为自己服务，然后你就能更好地服务他人。总之，这样很美好。

不过，我们得承认，人们健身的头号动力是希望自己的身材看起来更好。你不会看到人们健身前后的心肺的对比照片，或他们增强了的有氧代谢能力，或他们在人际交往时和生意场上表现出的活力。我们都有一点点虚荣，都希望自己的身材看起来更好，那就让我们的虚荣心发挥点儿积极作用吧。照照镜子，利用你的不满或是骄傲来激励自己。一直锻炼下去你就会看到效果：新的线条、不一样的身材、肌肉的弧度、从未有过的结实度。你的身体会发生变化；坚持下去，你就会看起来更棒，而且会一直如此。

我在空降营救组和战斗控制组的新兵身上一直能看到这些改变。开始时，他们看起来都只是大男孩，而到结束的时候他们不一样了：他们肌肉发达，身材精瘦，一个个都是全能运动员。但还不仅仅如此，他们对待自己的态度也变了，他们对自己的认识更深，每一天都在和内心中那个消极的自我斗争，而他们一直在赢，因为他们没有放弃。在几个月的时间里，他

Hooya!

捋起袖子，迈开步子

万事开头难，健身也不例外。下一次你不想锻炼时，请试着哄骗自己。告诉自己只做几组或者锻炼10分钟就好。通常，你会发现在热身之后，你就想运动了，你的能量开始澎湃，那几组热身动作最终发展为全套的锻炼。最差的情况，你也完成了一次缩水版健身，这也比完全不锻炼好。

如果你实在不想锻炼的话，那就抱着游戏的心态做一些练习。不需要多么复杂，你甚至不需要离开你所处的房间，你可以在地上做几个“俯冲轰炸机”或者钻到书桌下面做几个反向划船，又或者抓住你的门做几个引体向上。我经常玩耍似的做各种练习就完成了一次健身。你也可以这样，玩得开心点儿。

时间紧张？我曾在宾馆房间里不间断地做100个八步立卧撑或者立卧撑跳（Burpee）或是两种动作的混合，整个过程只用时8分钟。这对自己是有点残忍，不过也证明了只要有一点点动力，好好锻炼一次并不需要多少时间。

们一天接一天地经受着磨砺和考验，却从未放弃。这些年轻人更在意他们的表现而不是享受安乐，他们知道什么时候应该过滤脑海中的杂音，他们成为自己的主宰，这表现在他们所做的每一件事情中。你也会如此。

你将会掌管一个更强壮健康的身体。每一天，你的投入、坚持以及梦想将决定你的身材。你会无视当你疲劳或忙碌时大脑制造出的种种借口，然后继续前行，因为你有目标。半途而废就像生活中其他事情一样会成为习惯，你意识到，如果你这次向借口屈服，那你就会越来越容易向它屈服，而相反地，每次你坚持下来，你的意志力都会增强。你必须暂时把安逸放在一边去锻炼，因为你有决心通过一次一次坚持锻炼而变得更棒，这比你不得不处理的疲劳或压力更重要。这是为了一个更长、更健康的人生作出的小小的、暂时性的牺牲。

瞄准靶心……命中！

如果你不知道自己要去哪儿，你就很有可能到不了“那儿”。

那么，你的目标究竟是什么？妨碍你前进的那些借口又是什么？

把你的目标和借口都写下来，这是个好办法。认清自己的借口会使你对它们更敏感，让它们原形毕露。你会更清楚地看到，那些让你别锻炼的所谓“理由”实际上只是阻碍你实现目标的蹩脚借口。

在制定目标时，要尽量具体和可量化，越具体越好。

你的总体目标可能只是变得更健康，但这太宽泛，就像蒙着眼睛打靶一样。只有目标更具体和可量化时，你才真正瞄准了靶心。你设定的每一个目标都是一个靶心。要学会把有限的精力用在具体的任务上，这不仅能提高你的工作质量，还会加大你的目标实现的可能性。

要确保你的目标是可行的。请记住，乌龟最后跑赢了兔子。我不是要你去热火朝天地锻炼10周，减掉15磅（约6.80千克），然后心满意足地回归常态。我的目的是帮助你完成长期持久的改变。如果你想在3周内狂减20磅（约9.07千克），以便体面地参加好朋友的婚礼，那你就拿错书了。（另外，这根本不可能，除非你大量脱水。）

此外，你还要注意，不要设定相互矛盾的目标，如在增大肌肉的同时又想大幅减小腰围。对你的身体来说，这是两个截然相反的任务。别误会，两个你都可以做到——尤其是如果你很久没有锻炼过的话——但这两者是相互影响的，这就像在增强深蹲极限力量的同时减少10000米跑的用时。单独为达到其中一个目标而努力，效果会更好。人体的恢复能力是有限的，你没有分身去完成各种不同的任务。如果你想减掉赘肉并且显著地增大块头，你最好先把重点放在增肌上，等到练出你想要的肌肉之后，再转而减肥。

你的目标至少应当回答这两个问题：

- 你要获得什么、丢掉什么或者做到什么？
- 你的时间表是怎样的？

例如：

目标：

我想变得更健康。（太宽泛！）

更明确的目标：

- 每周减掉0.5磅（约0.23千克）脂肪。
- 在生日前完成基础健身计划。
- 一周不吃枫糖薄饼。
- 一次不落地完成为期10周的健身计划。

借口：

没时间。

太累了。

没心情。

现在不想锻炼。

我得放松一会儿。

下周再从头开始。

下次补上。

胡扯。

写下借口之后认真地看一看。记住它们，下决心今后再有这些想法时也要坚持锻炼。一定要认清你的敌人！它会披着不同的外衣，还有一帮鬼鬼祟祟的小弟。

9

锻炼强度

对任何一种锻炼方法而言，一个最重要却常常被忽略的方面就是锻炼强度——你给自己加了多大劲。

我的这些练习动作，耗时虽然不长，但有些强度很高，它们需要你有毅力和决心。要想看到我这套行之有效的方法的最佳效果，你得准备好时不时把舒适抛在一边，就这么定了。作为回报，你会脱胎换骨，内外都焕然一新。

在那些健身器械广告中，明星和模特们在各种稀奇古怪的器械上微笑着前后摇摆，那些广告都在骗你。塑造良好身材需要你作出牺牲。不是牺牲时间，而是需要你把目标看得比享受安乐更重要。

走走过场和实打实地锻炼是非常不一样的。我在训练特种部队士兵时总能见到那些没有全心全意投入和付出的人，对他们，我会严厉地说："你明显是更在意舒适而不是努力表现。重来！"我会一直这样严厉，直到他们付出所有或无法忍受而退出。可惜不是所有人都有幸能得到一位军队教官的时刻激励，所以你得自己注意克制人类好逸恶劳的天性，不要让它阻碍你的进步。

你在生活中做的任何事情都会对你的行为模式和习惯造成潜移默化的影响。如果你经常半途而废或者消极怠工，那么当你需要负重前行的时候，你很有可能再一次退缩。类似地，每一次你心无旁骛迎难而上时，你的意志力都会变得更强。你现在的行为直接影响你将来的行为。

如果你发觉自己在某次锻炼结束后有一点儿愧疚，怀疑自己本可以做得更好，那就下定决心下一次多完成几次反复。专注于进步，而且要知道决定你是继续提高还是停滞不前的通常就是需要你拼尽全力才能完成的最后几次反复，你的水平越高，就越是这样。阿诺德·施瓦辛格曾说："促使肌肉生长的是每一组的最后几次反复。"精英和常人的区别就在于此。

在介绍很多练习动作时，我都会告诉你如何"升级"——做某个动作的难度更高的变式。当然，就像我在前面提到过的，有很多办法可以加大阻力：升高或降低支撑点的高度；选择不稳定的支撑点；在动作的起始、结束或中间位置坚持一会儿；仅使用单侧肢体来完成动作。使用单侧肢体来完成动作不仅能调用目标肌肉中的更多肌纤维，还能更多地锻炼那些用于维持平衡的肌肉。

别误会，不是每一次健身都要搞得像接受体罚一样，但毫无疑问，有时我们的确需要被轻轻鞭打一下。不过别担心，只要按我的方法做，你会逐步适应的。重要的是先熟悉新动作，练好基本功（这个过程中你一样能进步不少），然后你才能在高强度锻炼中安全有效地挑战极限。你的身体很快就能适应这些新动作，当你的身体和头脑征服了这些新动作后，你会享受到探索的乐趣和成功的喜悦。例如，“阶梯组”就不需要太高的强度，实际上它并不鼓励你把自己练到精疲力竭的程度，它的目的是让你熟悉动作，为高难度动作打好基础。而其他一些，像车轮组和密集组（Tabata）训练，则强度很高。

你怎么知道本书中每一个不同的练习究竟该使多大力，又怎么根据你的能力调整锻炼强度呢？这本书里的每个练习动作都标出了1～4级的难度级别。如果你发现某个计划中的某些示例动作不太适合自己（不论是太难还是太简单），不能完成合适的反复次数，那你就自己换一个动作。如果觉得某个练习太容易（你可以在某次锻炼中做得比规定的次数更多），那就把它换成一个更有挑战的变式或干脆换做其他动作。

挑战极限

施以正确的刺激，肌肉才能增长，有时候你必须达到肌肉力竭甚至超过这一极限才行，尤其是当你的水平已经比较高的时候。我们需要注意的只是不要滥用这些技术，以防锻炼过度。一组动作做到力竭或者几乎力竭后，你可以试试下面这些方法：

- 继续做这一动作的难度略低的变式或另一种能锻炼相同肌肉的动作，直到力竭。例如，如果你之前的动作是将脚架在桌子上做俯卧撑，那做到力竭后，你可以把脚放在地上继续做俯卧撑，直到再也不能多完成一次反复。如果你之前是双手撑在桌子上，那就试着将手撑在更高一些的地方，如窗台上，再完成几次反复。
- 试着延长最后一个反向动作的时间，这是我常用的一个技巧。举例说明，如果你做最后一组中式俯卧撑做到了力竭，那你就要先回到起始姿势，然后试着尽可能慢地让头贴近地板，整个过程中要用力坚持住。如果实在没有力气，你可以先借力回到起始姿势，如在撑起时弯曲双膝；“偷懒”之后，再以非常慢的速度做反向动作。看你能不能坚持30秒！
- 多做几个3～5秒的反向动作，回到起始姿势时可以借力。
- 尽可能长时间地保持完全舒展或收缩的姿势。
- 有意在一个动作最难以坚持的位置停顿3秒（通常在动作的中间位置）。这是克服黏滞点和发展力量的好办法。例如，在做一组引体向上或俯卧撑时，每次在肘关节处（前臂和上臂的夹角）呈90°时都停顿一会儿。
- 力竭之后，再做几个半程动作收尾。
- 你也可以将上述技巧组合起来使用！

Hooya!

没有疼痛就没有收获?

没错。但我们必须学会辨别好的疼痛和坏的疼痛。由肌肉疲劳或乳酸堆积引发的不适感——你全力以赴时那种肌肉燃烧的感觉——是好的疼痛，这意味着你的锻炼强度足够；健身后第二天肌肉有些酸痛说明你的肌肉在修复和生长。但是，关节、骨骼、肌腱或韧带的不适感或者强烈的撕裂感则是坏的疼痛，一旦出现这些感觉，你就应当立刻停止锻炼。

忍着那样的疼痛继续锻炼会损害你的健康，并且有可能使你不得不休养更长的时间。你应该给自己一些时间，耐心等待身体恢复。在恢复期内，只做不会加重伤病的练习。人们经常犯的错误是坚持轻伤不下火线，而不是暂停几天让身体休养——等你意识到这是错误时，原本的小伤已经加重，可能需要几周甚至数月时间才能恢复。因此，不要忍着“坏的”疼痛坚持锻炼。

坚强不等于愚蠢。我们不能硬让小伤发展成大伤，但也不能让一点儿小伤影响你向健身目标迈进的步伐。人们很容易在本可以锻炼时借口自己受伤了而偷懒。我们可以带者一点儿小伤去锻炼，前提是确保不会使其加重。例如，如果你的左肘不太利索，那就做一些不需要肘部用力的练习。

当然，没有什么能够代替医生的意见。记住，如果有疑问，一定要向医生咨询。

10

锻炼方法

在你学会了书中的练习动作之后，你肯定会想根据自己的需求为自己量身打造专属于自己，并且可以无穷无尽地调整和改变的健身计划。你不是在健身房中锻炼，不需要吸引眼球，所以请不要为你的虚荣心锻炼，你应该锻炼你的肌肉，从而把这些动作做对做好。

练习组和反复是健身计划中最常用的计量单位。1次反复是指某个练习的一个完整动作，9个俯卧撑即为9次反复。

1个练习组是指从头到尾做一系列完整的反复。9个俯卧撑即为包含9次反复的1个练习组。

在健身计划中，组数在前，其后是反复次数。例如，3×12是指该动作做3组，每组12次反复。

练到力竭是指你不间断地做一组练习，直到无法再多完成一次反复。这样做时锻炼强度很大，需要很大的动力和决心，但这绝对物有所值。正是那最后一次反复向你的身体传递了需要增强力量和增加肌肉的信息！在此之前的所有练习组和反复的目的是使你达到力竭的临界点；另外，它们的用处还在于热身、完善技巧和提升心率。

每个肌肉群一周只需锻炼一次。本书中的所有动作分4部分：推力、拉力、核心区和腿部，不过你也可以延续你之前在健身房里的套路。把你的肌肉分为：

- 肩部（8～12组）
- 肱三头肌（6～9组）
- 胸部（8～12组）
- 背部（8～12组）
- 肱二头肌和前臂（6～9组）
- 核心区（6～9组）
- 大腿（8～12组）
- 小腿（8～12组）

如果你每天锻炼2个肌肉群，那你一周只需要锻炼4天。有时候我喜欢每天少花点儿时间而一周多锻炼几天，如果每天只锻炼1个肌肉群，那锻炼强度就可以很高。我可能一周锻炼5或7次，但每天只锻炼1个肌肉群。

你可以使用标准的、已经得到验证的、典型的力量锻炼方法：练一组练到力竭，休息2～3分钟，然后再做一组，每个肌肉群做三四种不同的练习，每种练习做3～4组。

对那些想在自己的计划中加点儿趣味的人，我将介绍一些我最喜欢的锻炼方法。你们可以从中寻找乐趣，用它们设计你们的健身计划。这些方法都可以和第9章

"挑战极限"小节里的技巧组合使用。

阶梯组：选择任意练习动作，先完成1次反复，休息一下，再完成2次反复，再休息一下，再完成3次反复……反复次数依次递增，直到如果再继续增加你就会在下一组达到力竭。达到最高点后，接下来每组的反复次数都比前一组少一个，直至每组只完成1次反复。组间休息时间就是你休息前完成的那一组练习所用的时间，反复次数增多时休息时间也随之增加，反复次数降低时休息时间也随之减少。

试着用这种方法做某个动作，做10分钟。如果你完成了一个阶梯组，而时间还没用完的话，那就再来一个阶梯组。

这是一种高次数、低强度的锻炼方法，可以很好地提高你对动作的熟练度。你可以反复做某个动作，以正确掌握要领。如果你在"上阶梯"的过程中达到力竭，那说明你"上"得太高了。进行阶梯组锻炼时，你完全可以只完成较少的反复次数——甚至在一次锻炼的结束阶段可以做只有1次反复的阶梯组，以免力竭。做那些需要交替锻炼身体两侧的练习时，两侧都做到指定次数才能休息。

双阶梯组：和阶梯组类似，只不过要接连完成2种练习动作。完成第一种动作的1次反复之后，立即做另一种动作，然后休息一下，再继续做第一种，这次要完成2次反复，就像阶梯组一样。2种动作的难度可能不一样，较难的动作，你可以每次增加1次反复，而较简单的动作则每次增加2次、3次或者4次反复，因动作和人而异。

变式：连续做2种动作，中间不要休息，直到力竭；然后再休息，休息时间大约与你达到力竭所需的时间相等；休息之后，再用同样的方式"下阶梯"。

推拉阶梯组：采用阶梯组的形式，做一个推力动作后马上做一个拉力动作，组间不要休息。引体向上加俯卧撑是美国空军战斗控制组的最爱之一。

车轮组：选择任意练习动作和相应的反复次数，在20分钟内尽可能多地循环做这些动作，通常三四种动作即可。注意：反复次数不要太多，以免在最初的几个循环中就出现力竭的状况。练到力竭后可以稍微喘口气，不过要尽量把休息时间控制到最短。这种方法绝对刺激。

超级组：一组动作后紧接着做另一组动作，最好是针对同一个肌肉群的不同的练习。例如，做一组引体向上之后接着做一组引体向前，这就是一种刺激你的背部、肱二头肌和前臂所有肌纤维的、非常好的方法。

间隔组：首先确定时间段长短——1分钟、2分钟或3分钟，每段时间一开始就立即开始做动作，直到力竭，然后利用本时间段内的剩余时间休息，接着再开始下一个间隔组。

等时递增法：第1分钟做1个引体向上，紧接着第2分钟做2个引体向上，第3分钟做3个，依次类推，看你能坚持到第几分钟。任何练习动作都可以采用这个方法。做那些单侧的动作时，如单腿深蹲，每一次都要把两侧的动作都做完。第1分钟，每一侧都要完成1次反复；第2分钟，每一侧都要完成2次反复，依次类推。

计时训练：在给定时间内尽可能多地做一种动作。例如，10分钟内尽可能多地做俯冲轰炸机（不管你做了多少组），你也可以在20秒的时间内尽可能多地做一种动作，然后休息40秒，然后再花20秒的时间做动作，这样反复，持续20分钟。通过增加或减少每组动作的时间，计时训练可以有效地增强肌肉耐力或者肌肉力量。每组时间越短，强度就应该越强；时间越长，强度则应该越弱，就像50米短跑对比3000米长跑一样。时间短的组能增强肌肉力量，时间长的组则能增强肌肉耐力。

计量训练：与计时训练相反，这种方法需要尽可能快地完成练习。例如，用尽可能短的时间完成50个俯冲轰炸机（无论组数）。

密集组（Tabata）：每组用时20秒，组间休息10秒，总共8组，用时4分钟。要控制好动作节奏，你应该可以坚持完成这8组，但又要非常吃力才行。理想情况下，20秒内完成的反复次数不应该有明显减少。这种高强度锻炼非常适合时间紧张的人。如果你想好好练一次，那就选择3种锻炼同一肌肉群的练习动作，进行3轮密集组锻炼，每2组之间休息1分钟。这样，只需15分钟即可完成锻炼！

幸运52：取一副扑克牌，扑克中的A～4代表推力练习，5～7代表拉力练习，8～10代表核心区练习，人头牌（J、Q、K）代表腿部练习。每翻一张牌，就选择任意一种在你能力范围内的练习做一组，然后翻下一张牌，直至翻完52张牌，组间休息时间要控制到最低。

循环训练法：做一系列练习动作，组间休息和不同动作之间的休息时间应该很短。所有大肌肉群都要锻炼到，锻炼每个肌肉群的动作至少做2组。对于那些时间紧张或者没耐心的人，这种方法可以把很多组、很多反复和不同练习集中在较短的时间里。设定每组练习所用的时间以及组间休息所用的时间可以有效地组织循环训练。例如，45/30指的是每组45秒，组间休息30秒。你选择的练习动作、锻炼时间以及锻炼强度决定了你的锻炼重点是增强肌肉力量还是肌肉耐力，又或者二者兼顾。

主动恢复法：连续地做任意种类的中低强度练习，组间休息时间很短或者完全不休息，目的是维持你的目标心率20～60分钟。计算目标心率范围的方法是：先用170减去你的年龄，得出目标心率范围的上限，再用这一数值减10得出范围的下限。例如，对于年龄为30岁的人：

170－30＝140，140－10＝130；目标心率范围就是130～140。

金字塔训练：这是逐渐达到一种动作的高难度变式的理想方法。金字塔训练的方法之一是从反复次数相对较高的练习组开始，之后每一组的反复次数逐渐递减而练习难度递增。举个简单的例子：第一组做10个俯卧撑，然后做8个，但做这8个时要在动作的最低点坚持2秒，然后做6个，这次要在动作的最低点坚持4秒，最后1组你只做2个，并在动作的最低点坚持8秒。或者，你可以不停顿，而是每次都将脚架得更高。

此外，金字塔训练也可以这么做：每组次数不变而难度递增。例如，5组练习，每组3次反复，第一组难度最低，最后一组难度最大。

金字塔训练可以以任意的反复次数来完成，不过这更适合可以增强力量的高强度练习，以每组1～5次反复逐步达到或接近最高的强度。对于只用到单侧肢体的练习，你既可以每次反复都交替使用两侧肢体，也可以先做一组只用一侧肢体的练习，然后再做一组用到另一侧肢体的练习。

复合组：在间隔训练中，复合组对增强力量、肌肉耐力、心肺耐力和爆发力都很有效。它要求不间断地做3种或更多种复合动作，复合动作至少需要活动2个大关节，如深蹲（髋部、膝盖、脚踝）、俯卧撑（肩部和肘部）和引体向上（肩部和肘部）。你所选择的复合动作可以是相同类型的动作，也可以是不同类型的动作（如果这样，那这就是很好的全身训练）。

按照计划好的反复次数完成每种练习动作，然后休息一会儿，接着再开始下一个复合组。组间休息时间由你决定，不过休息时间的长短会对你的锻炼侧重点造成影响。组间休息时间较短的复合组偏重于增强肌肉耐力和心肺耐力，而组间休息时间较长的复合组则偏重于增强力量和爆发力。

创意：发挥你的聪明才智，随心所欲地将上述方法组合起来使用。

11

练习动作

下面我将告诉你自身体重训练秘笈，这是本书的精华所在。

这127种练习动作中有很多是我自创的，另外一些是鲜为人知的珍宝，还有一些是经典动作的最新的变式。每个练习动作的文字说明都详细描述了完成一次反复的全过程。很明显地，你应当做若干组，每组包括若干次反复，在组与组之间休息一定的时间。对那些水平较高的健身者而言，通常情况下每组都应练到力竭，直至不能再多完成一次反复。

很多练习动作的后面都有难度较低的变式以及“升级”的方法。当你能完成很多次反复时，就应该换做难度更高的变式，然后随着能力的进一步提高再换做一种更难的练习。

请记住，锻炼不是越快越猛就越有成效。缓慢的、有控制的反向动作对锻炼肌肉同样重要。

恰当地呼吸对锻炼过程中的安全和锻炼成果也非常重要。一般来说，我们应该在肌肉收缩时呼气，在肌肉拉伸时吸气。以俯卧撑为例：当你放低身体时（肌肉拉伸），你应当吸气；而当你把自己推高时，你应当呼气，就这么简单。在做需要使出极限力量的强力动作时，如负重手枪深蹲、下斜单臂俯卧撑、水平俯卧撑或者“蜘蛛侠”时，呼吸方法则有所不同：为了保护脊椎并尽可能地稳定身体，在动作过程中你要屏住呼吸，同时还要让腹部肌肉和下背部肌肉尽可能地保持紧张，这会使你的核心区固若金汤，并促进其他的发力肌肉产生更强的收缩力，在两次反复之间呼气和吸气，每一次反复前呼吸1～3次。

不过，你应该时刻铭记，在锻炼时最最重要的不是你的姿势、强度或呼吸方法，而是你的安全。如果你在锻炼时需要使用桌子、椅子、书架之类的物体，你一定要100%确定它们绝对稳定、安全，它们的强度和稳定程度要足以承受你的体重。

本书中的练习动作分4类：推力练习、拉力练习、核心区练习、腿部和臀部练习。如果你每周锻炼4天，那么每天只选择其中一类是个不错的方法。此外，我还在这4部分之后附加了几个非常棒的全身性练习动作，这些动作可以锻炼到全身大部分的肌肉。

在每一个动作的名称下方，你会看到该动作所锻炼的肌肉（按相关程度从高到低排列）。不过，你要知道，很多动作锻炼到的肌肉其实不止我列出的这些。使用器械和哑铃的动作倾向于只锻炼单一肌肉群，而自身体重练习和它们不同，它可以同时锻炼包括你的稳定肌在内的很多肌肉，让你的身体全面均衡地发展，而不会让某些肌肉落后或者不成比例。例如，和卧推不同，俯卧撑不止锻炼你的胸部、肩部和肱三头肌。实际上，我训练过的一些人只练习我的各种俯卧撑变式，而完全没有做核心区练习，但他们都练出了6块腹肌，绝无虚言。

另外，我还标出了每个练习动作的难度，1代表该动作较为简单，4则代表难度很高。这并不是说1级练习对高水平运动员作用不大，而是说他们需要做更多次反复，或者使用前面讲到的各种方法来提高难度。另外，很多练习的难度级别是可变的，具体要看你做的是哪种变式。这些数字只是起建议和指导的作用，千万不要把自己归为某一级，而只做该级别的练习。

我鼓励大家从这本书中挑选适合自己的练习动作来制定个人健身计划，或者用来补充你已有的健身计划。如果你已经有一个令你很满意的健身房健身计划，你可以在这本书中找出和你在健身房里做的那些动作相对应的练习动作（锻炼相同的肌肉群的动作），用它们代替你原来的健身房练习（顺便把你的健身卡退掉）。

如果你还没有制订计划或者想尝试改变，但又不想自己从这一大堆动作中挑选，用以制订计划，而只想按照一个简单有效的计划锻炼，我建议你从附在练习动作之后的那些健身计划中选择一个，然后按照它锻炼。我列出的这些计划为期10周，每周锻炼4～5次，每次20～30分钟。这些计划有4个不同的难度级别，适合不同体能水平的人，它们都是根据"周期化"的原理设计的，以使你能持续进步而不会疲劳透支或停滞不前。

Hooya!

部分大于整体

只使用单侧肢体来做练习是全面发展体能的最有效的方法之一。这能纠正同时使用双侧肢体时不易发现的用力不均衡；另外，单独用力时一侧肢体用的力要大于同时用力时双侧肢体用的力的一半。这是因为当你同时使用双侧肢体时，你的身体会启动一种叫做"双侧减损"的保护机制，通过限制你的某些运动部位，尽量防止你在用力极大的情况下受伤。因此，与完成更多次反复或做那些借助更困难的支点的双侧肢体运动相比，单腿深蹲或单手引体向前之类的单侧运动更安全而且更有效。

12

推力练习

大多数推力练习主要针对你的胸肌、肩部和肱三头肌。不过，它们也能锻炼你的很多其他肌肉。例如，与卧推不同，俯卧撑会锻炼你的腹肌以及核心区的其他部位。实际上，如果你练的是反手俯卧撑或单臂俯卧撑这样的高阶俯卧撑，你根本不需要特意锻炼核心区。

和其他三种练习不同，介绍推力练习时，我们将从一个你已经熟知的动作——标准俯卧撑开始讲起。你会发现关于俯卧撑的介绍很多，但我介绍的不是你可能不以为然的、老掉牙的俯卧撑。了解各种俯卧撑变式，以及改变支点的方法之后，你会发现做俯卧撑的方式几乎是无穷无尽的。觉得自己连一个俯卧撑都做不了的同志也不用担心，我会告诉你循序渐进的锻炼方法。水平较高的健身爱好者可以练习融汇了瑜伽拜日式的“俯冲轰炸机”，我还会一步步教你如何完成倒立撑和单臂俯卧撑，甚至是对力量要求极高的水平俯卧撑。在俯卧撑之后我列出了几个专门针对胸肌的练习，然后是针对肱三头肌的练习，最后是肩部和斜方肌的练习。

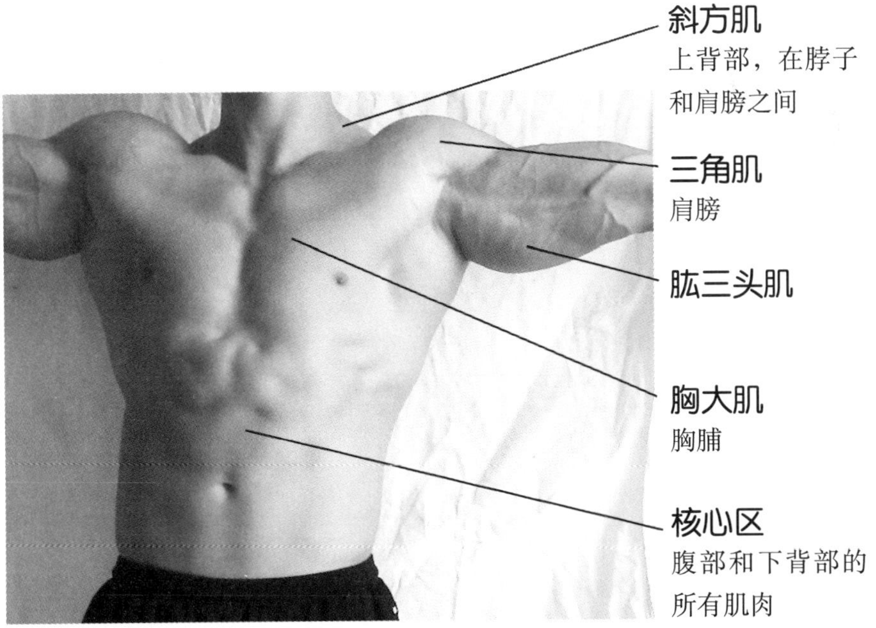

摇椅（1）

胸肌、肱三头肌、三角肌、核心区

从标准俯卧撑的起始姿势开始，注意让你的身体保持一条直线，胳膊完全伸直，双手撑地，与肩同宽。接着，踮脚，缓慢地让你的身体向前探5～6英寸（12.7～15.24厘米），胳膊要始终保持伸直的状态。最后，缓慢地回到起始位置。

准备升级吗？仍然是从标准俯卧撑的起始姿势开始，不过这次要将身体降低到离地面5英寸（12.7厘米）左右，就像你正在做俯卧撑一样。当你到达动作的最低点时，踮脚让你的身体向前探5～6英寸（12.7～15.24厘米），身体与地面保持平行，看你能坚持多久。你也可以在每次反复之后顺势做一个俯卧撑。

熊步（1）

肩部、胸肌、肱三头肌、斜方肌、核心区

双手撑在脚前几英尺（1英尺=30.48厘米）处的地面上，然后开始手脚并用地向前爬，玩得开心点。这是一个很适合新手的练习，因为它能同时锻炼许多肌肉，持续做这个练习一会儿之后你就能感觉到。让这个动作充当推力训练的收尾动作也很好，正好整个上半身都能好好活动一下。

俯卧撑

克服重力，用手臂把自己的身体或者某个物体推起的练习不仅能让你的胸肌变强壮，还能锻炼你的肩部和肱三头肌。

不管你做什么类型的俯卧撑，如果双手距离小于肩宽，那就会更多地锻炼肱三头肌。要想真正集中锻炼肱三头肌，你就要将五指张开，左右手的食指指尖和大拇指指尖相触，构成一个三角形，并且在运动过程中让肘部靠近肋骨。

而如果双手距离大于肩宽，那就会更偏重于锻炼胸部。

双脚架高会使俯卧撑难度增加，并且还能给予肩部更大的刺激。架得越高，动作越难，而且也越能锻炼肩部。

大多数人应该都熟悉标准俯卧撑。下面的解释是为那些初次锻炼的、做起来有困难的以及姿势不正确的人（也许自己不觉得）准备的。只有姿势正确才能达到肌肉和力量增长的最佳效果，任何练习动作都不例外。要记住，你不是在健身房锻炼，所以不需要为了吸引别人的注意而不考虑锻炼实效和受伤的风险，把杠铃片摔得咣咣响。

标准俯卧撑（1～4）

胸肌、肱三头肌、三角肌、核心区

俯卧，双脚并拢，双手撑地，与肩同宽，然后把自己从地上推起来。在整个过程中，你的身体都应保持笔直，从脚后跟到脖子，没有一个部位是弯的，尤其要注意不要撅屁股或者塌腰。你要记住，软弱的姿势意味着软弱的核心区，所以做俯卧撑时你身体的核心区一定要收紧！接下来，弯曲双臂，放低你的身体，直到上臂和地面平行。胸部贴地才算是完美的俯卧撑。

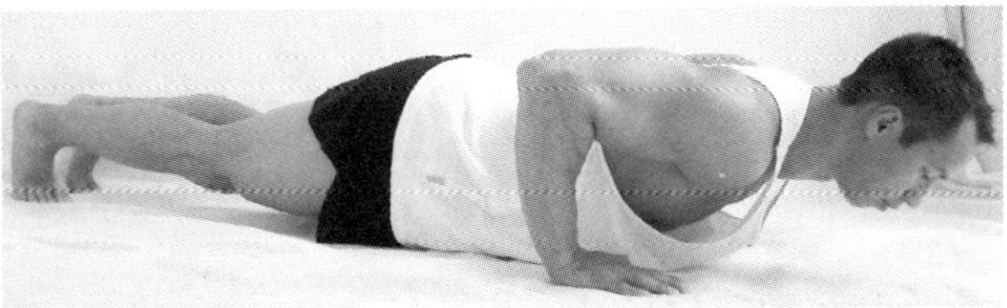

变式：如果你还做不了标准俯卧撑，你可以将双手撑在一个较高的平台上做，如桌子、写字台、床垫、沙发扶手或者墙壁。所用的平台越高，动作就越简单。用这种变式为标准俯卧撑打基础要比简单地让膝盖着地做俯卧撑好得多，因为它有助于增强核心区力量，而这种力量对我们而言很重要。

与之相反，把脚架高则会增加难度，同时给肩部更大的刺激。从大部头的书到咖啡桌到你的床，越高越难。

进一步加强你的下背部（腰部）的好办法是在做俯卧撑时抬起一条腿，只用一条腿支撑身体。你可以完成每次反复后换腿，也可以做完一组再换。

准备升级吗？你可以把脚架在不稳定的物体上，如篮球。这会加强你的核心区力量，同时会使手臂上更多的稳定肌得到锻炼。

无论怎么放你的脚，你都可以在后背上加一些重量来增加阻力，如装满书的书包、你的儿子、女友或老婆，尽情地发挥你的想象力吧。

宽距俯卧撑（2～3）

胸肌、肩部、肱三头肌、核心区

动作要领和标准俯卧撑一样，只不过你双手之间的距离要比肩宽，这样能更多地锻炼到你的胸肌。

沉肩俯卧撑（2～3）

胸肌、肱三头肌、三角肌、核心区

这是换个角度去刺激你所有推力肌的好方法。这个动作的要领也和标准俯卧撑一样，只不过你每次放低身体时要尽可能地放低一侧肩膀，而另一侧的肩膀则要尽可能地高。先做一侧，直到力竭，然后立即换另一侧来做。下一组中，改变左右两侧的先后锻炼顺序。

深度俯卧撑（2~3）

胸肌、肱三头肌、三角肌、核心区

找两个高度相同的物体，双手撑在这两个物体上，大部头的书、两摞纸、踏脚凳、结实的箱子等都可以。或者你可以用三个高度相仿的板凳，一个放脚，另外两个放手。总而言之，目的是你能在做俯卧撑时将胸部降得低于你的双手，这样在最低点时你的胸肌和三角肌就能得到极大的拉伸。动作要领和标准俯卧撑一样，不过在放低身体时要一直做到你的胸部完全拉伸为止。与前面一样，在整个过程中身体要始终成一条直线。

变式：你可以将脚架在一个矮桌或床上，效果将很不一样。

错手俯卧撑（1~3）

胸肌、肩部、肱三头肌、核心区

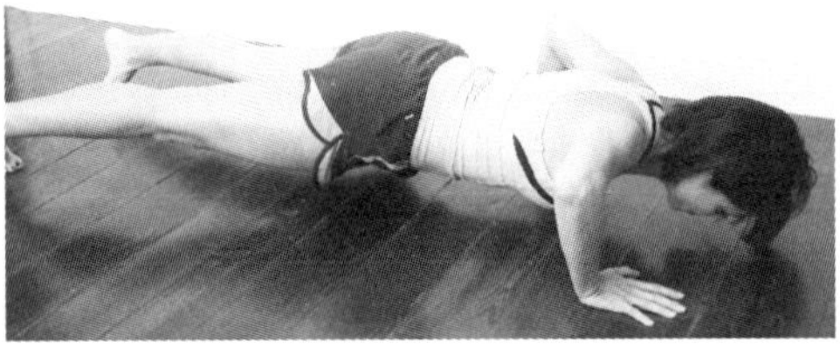

动作基本要领仍然和标准俯卧撑一样，只不过其中一只手的位置要比做标准俯卧撑时稍稍靠前，而另一只手的位置则要稍稍靠后。每组之后，变换双手的前后位置，再做下一组。这是个很好的练习，可以给你的肌肉不同寻常的刺激。

变式：架高双脚或双手以提高或降低难度。

推手起身（1～4）

胸肌、肩部、肱三头肌

增强爆发力的好办法！站在一个有一定高度的平台前，如书桌、壁炉架或窗台。身体倒向平台，最后用手掌撑住，掌心朝下。然后，有控制地放低身体，直到下胸部接触到平台。接着，尽可能快地将自己推起，用的力量要足够把自己推回到直立的位置，在整个过程中身体始终要成一条直线。

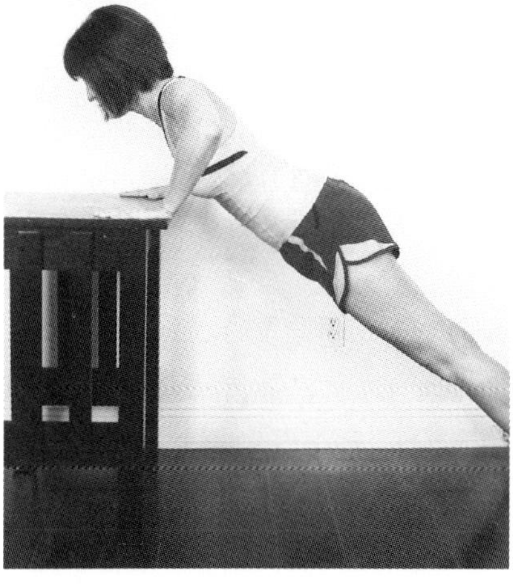

变式：平台越低，推起时就越困难，你也就会锻炼出更大的爆发力。

反弹俯卧撑（3）

胸肌、肱三头肌、三角肌、核心区

这是一个爆发力练习。动作基本要领和标准俯卧撑一样，不过将自己推起的力量要足够大，速度要足够快，使得你的双手在手臂伸直达到动作的最高点时离开地面。在落回地面时，不要全无控制地让双手拍在地上；而应该指尖先着地，然后是手掌，之后胳膊弯曲，让身体有控制地落下，到达动作的最低点时再迅速且有力地将自己推起。

准备升级吗？试着分别在两只手的内侧或外侧放一本百科全书，手从书上撑起，落下时则撑在地上，就这样在书和地板之间来回交替。

篮球俯卧撑（3）

这个练习会给你的稳定肌以及核心区额外的刺激。动作基本要领和标准俯卧撑一样，只不过有一只手要撑在篮球上。与撑着篮球的手同侧的肩膀下降到与篮球等高即可，而另一侧肩膀则要尽可能地接近地面。每组之后，换另一只手撑在篮球上，再做下一组。

准备升级吗？试着双手都撑在同一个篮球上，强化锻炼肱三头肌，或者每次反复后让球滚到对侧，将另一只手撑在篮球上。你也可以试着双手各撑在不同的篮球上，然后放低身体，直至你的胸肌得到完全拉伸。

登山（2）

锻炼肩部、腹肌，增加核心区稳定性

从标准俯卧撑的起始姿势开始，颈部、脊椎、尾椎骨和腿成一条直线，肘部伸直，锁定双臂，双手在双肩的正下方。然后，身体其他部位完全保持不动，弯曲左腿，让左膝贴近胸部，左脚着地。

"跳"一下，蹬直左腿，使其回到起始位置，与此同时弯曲右腿，右膝贴近胸部。快节奏地做这个练习，持续一定时间或重复一定次数，看起来像是你正在保持着俯卧撑姿势的同时原地奔跑。

变式：膝盖不要贴近胸部，而要贴近对侧胳膊的肘部；另外，在整个动作过程中，除了回到起始姿势时，其他时候脚都不能着地。

你还可以将膝盖提至同侧的肩膀外侧，与此同时稍微扭转腰部，扭头看肩膀附近的膝盖。也就是说，先把左膝提至左肩外侧，然后让左腿回到起始位置；接着再把右膝提到右肩外侧，然后再让右腿回到起始位置。

直板爬行（3）

三角肌、核心区、胸肌、肱三头肌

你最好在平滑、坚实的地板上做这个练习。你可以穿上柔软厚实的袜子，或者将一块折叠好的毛巾垫在你的脚下。如果你的地板不平滑，你也可以在地毯上做，不过需要穿上运动鞋。

从标准俯卧撑的起始姿势开始向前爬，身体靠脚掌前侧支撑，只用你的手臂的力量将身体往前拽。（如果你在地毯上做，就让脚心冲着天花板，脚趾直指向后方，身体靠脚面支撑。）肘部可以弯曲，但不要超过90°。一直向前爬，直到力竭。如果你的房间面积不大，你可以在爬到墙边之后掉头往回爬。

半俯冲轰炸机（3～4）

肩部、肱三头肌、胸肌、斜方肌

和俯冲轰炸机一样，臀部抬高，双手撑地，手位于脚前方3～4英尺（91.44～121.92厘米）处，双臂锁定，和背部成一条直线。肩膀下压，接着胸部冲向地面，停在双手之间，然后再从这个位置返回起始姿势。这个动作好像在做“阿诺德推举”，只不过它能锻炼更多肌肉。

准备升级吗？双脚向手靠近会增加动作的难度。你可以把手放在脚前5掌处，试着做做看。你的脚距离手越近，在动作的最低点时你的臀部会自然地保持得更高。握拳来做这个练习会增大动作幅度，拳头下垫一块毛巾会舒服一些。

俯冲轰炸机（3～4）

胸肌、肱三头肌、三角肌、核心区

这个改编版的“印度式俯卧撑”融合了瑜伽拜日式。在健身房里找不到一种器械能比这个动作更好地冲击胸肌、肱三头肌和肩部，而且这个练习还能增加你的脊柱的柔韧性，加强你的核心区。

直立，双腿伸直，双脚微分，弯腰，双手撑在地上，手距离脚大约3～4英尺（91.44～121.92厘米），就像做标准俯卧撑那样。但是，与做标准俯卧撑时不同的是，身体不是平行于地面挺直，而是尽力抬高臀部，伸直双臂，使双臂和背部成一条直线。

挺胸，上半身俯冲向下，划出一条弧线，直到你的胸部几乎碰到地面（此时你的姿势应该是标准俯卧撑的最低点时的姿势），然后尽可能高地将头和肩膀向上抬，直到你能平视前方，此时你的背部完全成弓形，骨盆离地面仅有几英寸（1英寸=2.54厘米）。

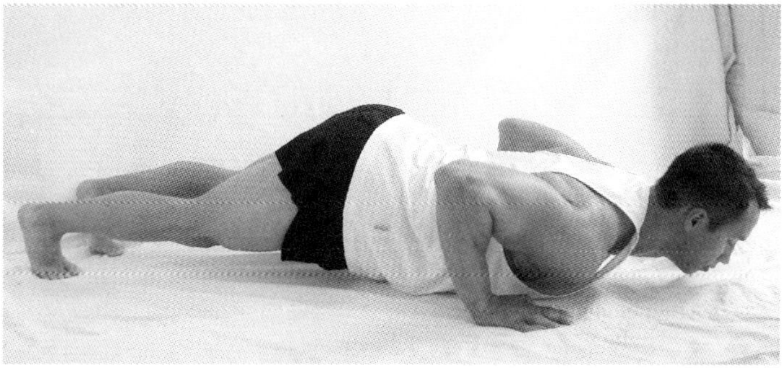

接下来像镜头回放一样，把上述动作反过来做，胸部再次从近地面处划过（再次回到标准俯卧撑的最低点姿势），然后再把你的身体推起——这是最困难的步骤——直到双臂伸直，和背部成一条直线，同时让臀部抬到最高。在整个动作过程中，反向弯曲背部有助于拉伸腘绳肌和小腿，还能舒展脊椎。

变式：要想降低难度，就让双脚略宽于肩。还是有难度？那就把双手撑在一个较高的平台（如咖啡桌）上做。

此外，当你到达背部成弓形、胸朝向前方、眼睛平视的位置时，如果难度太大或者你已经很疲劳了，你可以不严格地做反向动作，而是直接抬起臀部，回到初始姿势。这个动作类似于哑铃前平举——不过需要更多肌肉参与，对你的三角肌前束非常有益。在做一组俯冲轰炸机，直到力竭之后，再完成10个这种练习是很好的收尾方式。

准备升级吗？只用单腿着地做俯冲轰炸机。

反手俯卧撑（4）

整个上半身，尤其是胸部、肩部、肱三头肌和核心区

做这个练习之前一定要适度热身。

俯卧，脚尖点地，双手撑地，双手接近腰部，手掌向下，手指向后指向脚尖。将自己推起，直到双臂伸直，此时只有双手和脚尖在支撑身体。这个动作的要点是尽量向前探，腰可以稍微弯曲，但背部一定要挺直。在练习过程中，你的脚尖会向前滑动几英寸（1英寸=2.54厘米），所以你可能需要穿上袜子或鞋子以保护你的脚。做到动作的最高点后，再有控制地放低身体。

变式：如果手的位置不那么靠后，靠近腰部，而是放在肋部两侧，这个练习就能简单一点儿。

准备升级吗？用精装书之类的东西，把你的双脚稍微垫高一点儿。随着你越来越强，继续增加高度。

你也可以试着抬起一条腿，只用一只脚的脚尖支撑。将身体向前探，使支撑你身体的那只脚承受的重量尽可能地少。随着你不断进步，你会越来越轻松，到最后你可以把双腿都抬起来，那时你就能挑战终极俯卧撑：水平俯卧撑。

水平俯卧撑（4）

锻炼从斜方肌到臀部的所有肌肉，重点锻炼胸肌、肩部以及核心区。就是它了！传说中的终极俯卧撑。

俯卧，脚尖点地，双手撑地，双手靠近腰部，手掌向下，手指向后指向脚尖。保持身体成一条直线，将自己完全推离地面，直到双臂几乎伸直。此时，身体完全悬空，只有双手在支撑你的身体。然后，有控制地放低身体。

相扑俯卧撑（3）

胸肌、肱三头肌、三角肌、核心区

从标准俯卧撑的起始姿势开始，不过双手的间距要略大于肩，然后放低身体，直到胸部几乎接触地面；接着，将自己向上推起，在双臂完全伸直之前顺势让右手离开地面，尽可能地抬高右肘（右臂要保持弯曲），同时扭转上半身，直到肩膀和地面垂直（抬起的肘部和双肩以及撑地的手应该成一条直线），眼睛看向抬起的肘部。每次反复之后换另一边的肘部抬起。

单臂俯卧撑（4）

几乎锻炼所有肌肉，尤其是肩部、肱三头肌、胸肌、腹肌、腹外斜肌以及下背部

这是世界上最好的练习之一。但很遗憾，不是练出大块头就能做到这个，也不是说你练习其他俯卧撑练到一定程度，就自然而然地能做到这个。我见过很多人，能非常标准地连续做80个俯卧撑，却没有足够的力量和协调性去完成1个像样的单臂俯卧撑。所以，如果你现在还做不了1个，也别太失望。我会一步一步地教你。

首先，做一组普通的俯卧撑，以此来热身。刚开始练习单臂俯卧撑时，最好采用脚在地上，而手撑在一个较高的物体（如椅子、餐桌、写字台、窗台）上的方式。你变强以后，再逐渐降低手的高度，直到可以将手撑在地上做。

向前倾斜，把双手撑在你前方的平面上，就像要做标准俯卧撑一样，只不过双脚距离要比肩略宽，双手距离则要比肩略窄。然后，把一只手背在身后，撑在地上的那只手五指张开，帮助身体保持平衡。肩膀与地面始终保持平行，尽可能地放低身体，然后再把自己推起。

撑在地上的那只胳膊的肘部要贴着肋骨，身体重心要放在撑在地上的那只手的手掌外沿（小拇指的下方）。保持肩膀收紧，不要耸肩。在整个动作过程中，你的身体始终应该成一条直线。

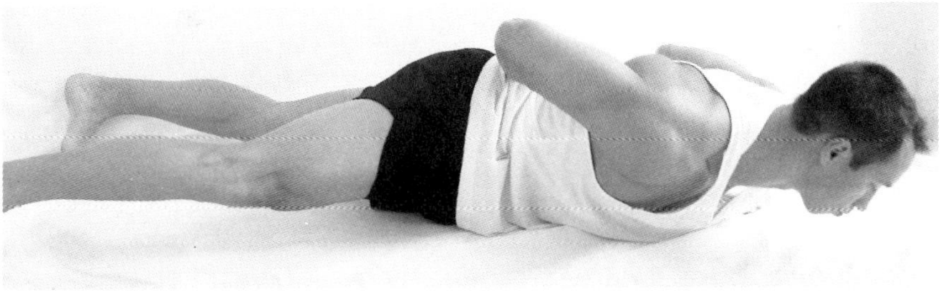

这个动作给人的感觉很不寻常，因为身体中段受到了强大的扭力。它令人惊叹的原因就在于此，它能大幅强化你的腹肌和下背部的原因也在于此。这个练习的关键是尽可能地收紧你的身体中段，你的身体有扭转的倾向——不要放任它！你的身体不再仅仅是若干个部分的组合体，它必须成为一个整体——每一块肌肉都和它周围的肌肉紧密联系在一起。收紧你身体的每一部分，你的整个身体都要绷紧，从指尖到脚趾，最好连背在身后的那只手也紧握拳头。

为了使你的核心区变得强壮以及避免受伤，在做第一次反复前先吸大约半口气并憋气。接着，收紧你的臀部和腹部，微微收缩耻骨。这样做可以使你的下背部参与进来，还能保护你的脊柱。

反复练习，直到胸部能几乎贴到地面。当你能每只手臂做5个漂亮的单臂俯卧撑时，就降低支撑平台的高度，继续练习。

和尝试任何新的高难度复合动作一样，成功的关键是反复做很多很多次轻量练习。试着每天分散地做10～15组，每组内的动作次数是足以使你达到力竭的次数的一半。你应该循序渐进，你是在为掌握这个动作的要领而练习，而不是为了冲击你的肌肉（暂时如此）。掌握动作要领之后，你就可以像做其他任何动作一样，真刀真枪地练到力竭。

准备升级吗？想增加难度，让身体的重心更多地集中在肩部，你可以架高双脚，或者抬起与撑在地上的手同侧的那条腿。你还可以试试单臂俯冲轰炸机！

飞鸟俯卧撑（4）

胸肌、核心区、肩部

你需要两块毛巾，将它们叠成手掌大小，用其在平滑、坚实的地板上做这个练习。

俯卧，双腿伸直，脚尖着地并指向头所在的方向，双臂在身体两侧打开，掌心向下（毛巾垫在手掌下），整个身体呈十字。

双臂尽量保持伸直的状态，滑动着将双手向中间并拢。在你向上撑起自己的过程中，要绷紧身体，尤其是腰部一点儿也不能弯曲。

然后再缓慢而有控制地打开双臂，直到你的胸部几乎贴到地面上。在整个动作过程中，肘部的弯曲角度要尽可能地小。

肱三头肌

肱三头肌占你上臂的2/3，剩余的才是肱二头肌。因此，无论你是想要用肌肉把衣袖撑满的小伙子，还是不愿自己的上臂看起来松松垮垮的姑娘，下面这些练习都是你所需要的。

坐姿屈臂撑（1～3）

肱三头肌

找一个高度介于膝盖和腰之间的物体，高度越低，难度越大；但你选择的物体一定不能低于膝盖，桌椅板凳、床垫、沙发扶手都可以。背对这个物体，双手抓住它的边缘，指节朝向你的身体。双腿在你前方完全伸直，臀部应该离支撑物边缘只有几英寸（1英寸=2.54厘米）。

只弯曲肘部和肩部，直直地放下你的身体，直到上臂和地面平行，实实在在地拉伸你的肱三头肌。在动作过程中，你的前臂始终与地面垂直，你的背部和支撑物边缘始终保持几英寸的距离。接着，把你自己推起，直到双臂完全伸直。

变式：弯曲膝盖、收回双脚，让双脚平踩在地板上，这可以降低难度。

准备升级吗？你可以用板凳、箱子、床、桌子等把脚架高，这会增加难度；你还可以在大腿上放一些重物。

侧卧臂屈伸（3）

肱三头肌，腹外斜肌也能得到一定锻炼

右侧卧，整个身体成一条直线；如果你是在地板上做这个练习，那就在髋部下垫一个枕头，这样会舒服一些。右手抓住左肩，右臂在你胸前弯曲，左手撑在右肩下方的地面上，左手手指指向你的头顶方向。只让髋部弯曲，把你的上半身推起，直到左臂完全伸直。接着，有控制地放下上半身，回到初始位置。做完一组后，翻身换另一侧。

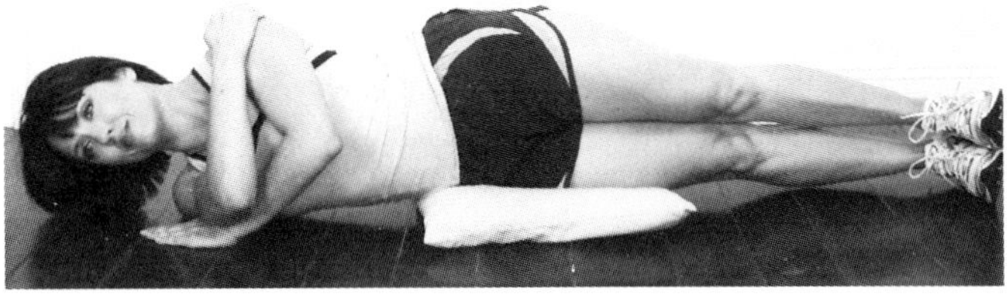

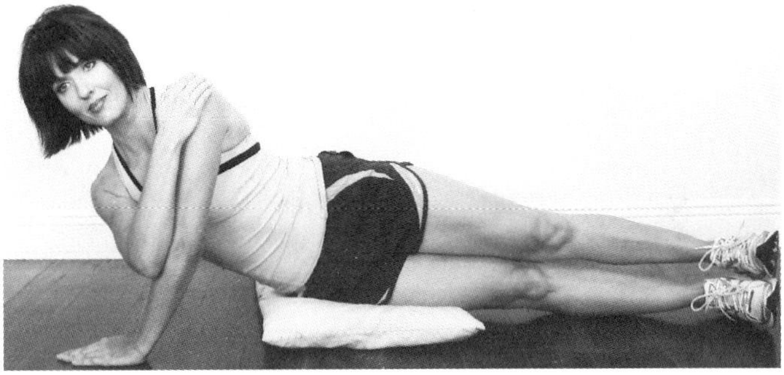

蟹行（1）

肱三头肌以及几乎整个背部

坐在地板上，屈膝。双手撑在身体两侧的地上，手掌向下，抬高臀部。现在，开始像螃蟹一样前后“踱步”。玩得开心点儿！

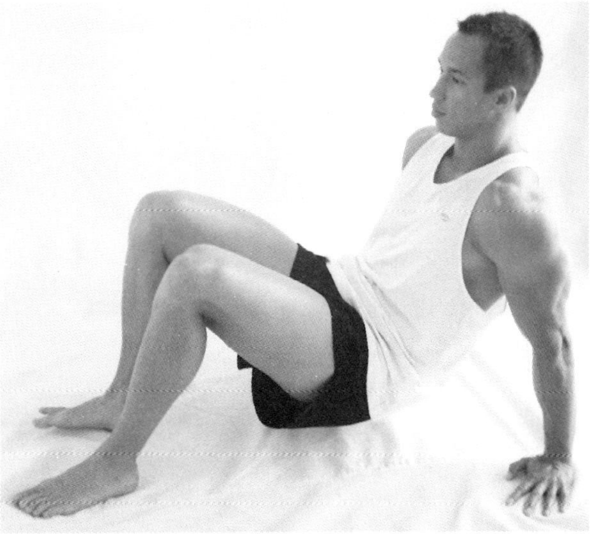

桌式挺髋（2）

肱三头肌、肩部、臀部和腘绳肌

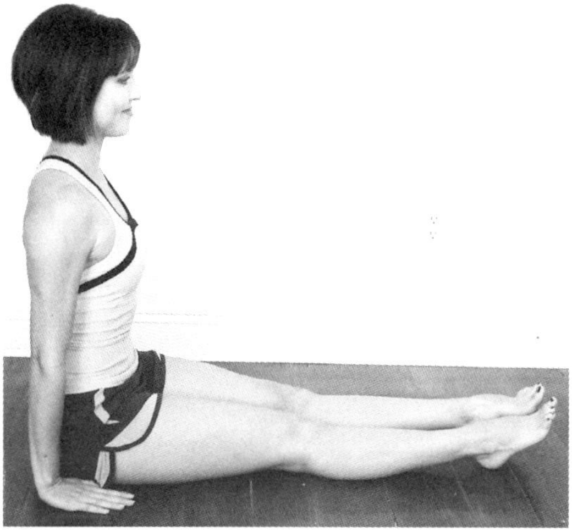

坐在地上，背部挺直，双腿伸直，双臂位于身体两侧，双手放在臀部两侧的地面上，手掌向下。双臂保持伸直的状态，向上抬高髋部。然后，双脚脚掌着地，继续向上抬髋部，直到膝盖位于双脚的正上方，大腿和小腿之间的角度为90°。此时，你的肩膀、髋部和大腿应该成一条直线。接着，头部后仰，面朝天花板，缩紧你臀部的肌肉。最后，缓缓地放下身体，回到起始姿势。

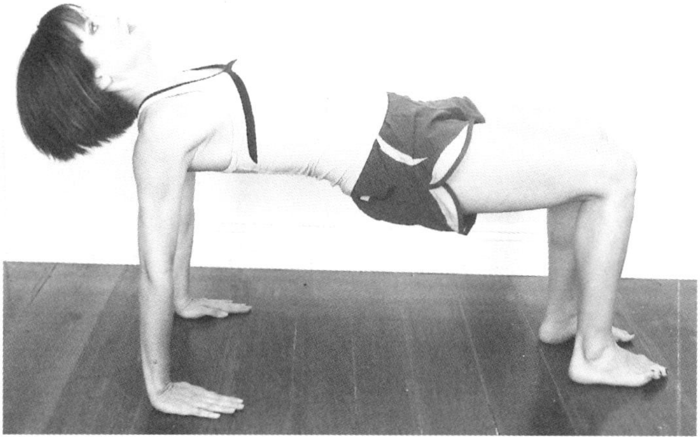

准备升级吗？在动作最高点坚持3秒，然后再放下身体。

你也可以抬起一条腿、单腿着地来做这个练习，放下身体时臀部只下降到快要接触到地面的位置，在整个动作过程中脚掌始终要平踩在地面上。

尖刀（3～4）

肱三头肌、下腹肌

背部着地，双臂放在身体两侧的地面上，支撑身体。向上抬起双腿，直到它们垂直于地面，在这一过程中，双腿要保持笔直。双臂在地面上支撑身体，尽可能高地抬高髋部，双腿始终竖直向上。接着，缓缓放下髋部。

准备升级吗？在动作最高点坚持3秒，再放下髋部。

窄距俯卧撑（2～4）

肱三头肌、胸肌、肩部、核心区

动作基本要领和标准俯卧撑一样，只不过你双手之间的距离要近得多，只有一掌或两掌宽。要确保你的肘部在动作的最低点时靠近你的身体。做这个动作时，腿架得越高，难度越大。手扶在一个高的平台上则可以让动作简单一点儿。

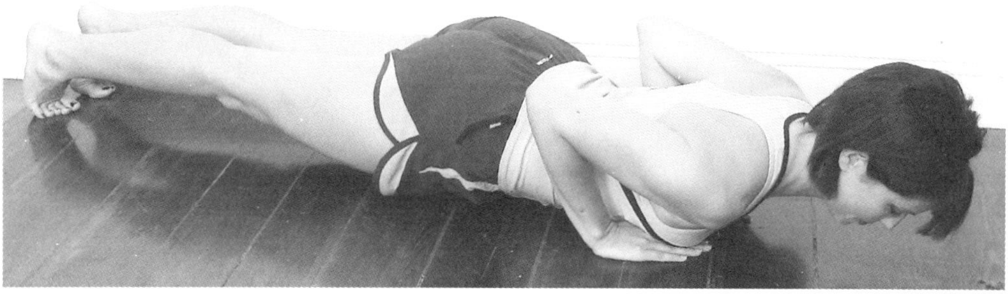

中式俯卧撑（2～4）

肱三头肌、三角肌

直立，脚后跟相碰，弯下上半身，双手撑地，双手距离双脚5个手掌的长度，大拇指张开，左右手的食指指尖和大拇指指尖相触，构成一个三角形。髋部弯曲，使你的腿和上半身之间的夹角为90°。除了手臂之外，身体其他部位都保持一个固定的姿势，背部绷直，臀部抬高。然后，弯曲肘部，直到你的头顶几乎接触到你双手之间的地面。在动作过程中，尽量不要弯曲双腿，但不要让自己感觉不舒适。接着，把你自己推回起始姿势。

变式： 你可以将手撑在一个高的平台上，这可以使这个动作变得简单一点儿，而将脚踩在一个高的平台上则可以让这个动作更困难。不过，无论你采用哪种变式，你都要抬高臀部，而且你的腿和上半身之间的夹角都要成90°。

一线俯卧撑（3～4）

肱三头肌、核心区、肩部、胸肌

这个动作也和标准俯卧撑基本相同，不过二者有一个很重要的区别：做这个练习时，双手是一前一后地撑在地上（位于一条竖线上），而不是对称地撑在身体两侧。其中一只手应该在你的胸骨下方，而另一只手则应该在你的额头下方。接着，放低身体，直到你的胸部碰到位于其下方的那只手。在整个动作过程中，要确保你的肘部向内贴近身体。每做完半组或一组就交换双手的位置，然后再接着做。

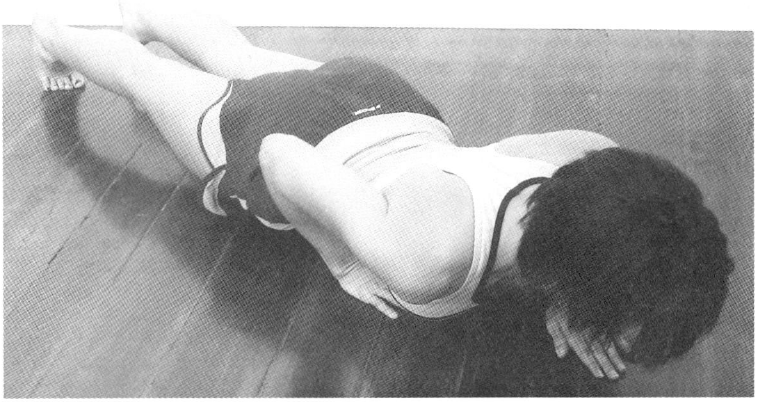

变式：如果想让这个动作简单一些，你可以让双手只是几乎成一条直线。想象一下在地板上有一条和你身体的中轴线对应的、看不见的竖线，将你的双手置于这条想象中的线的两侧——右手在线的右侧，左手在线的左侧。在你还没有足够的力量和平衡感时，先做这个变式是非常好的选择。

准备升级吗？如果你的右手在胸骨下方，那就将你的左腿抬起，远离地面。注意：换手的同时也要换腿。如果你将脚架在咖啡桌之类的东西上面，也会造成很大的不同。

俯卧撑抬腿（3）

肱三头肌、臀部、核心区、三角肌、胸肌

从俯卧撑的起始姿势开始，弯曲双臂，放低身体，直到胸部距离地面只有几英寸（1英寸=2.54厘米）。接着，将其中一条腿向后高高抬起（腿始终要伸直），直到你的臀部收缩到极限。每完成一次反复就换腿。

下沉臂屈伸（3～4）

肱三头肌、核心区

充分拉伸和加强肱三头肌的最佳练习。

找一个大概与腰等高的东西，如固定的椅子、沙发、栏杆、桌子、壁炉架、窗台或者像我在照片中使用的床尾架。手掌朝下握住它，双手间距与肩同宽。锁定双臂，以支撑你自身的重量，然后双腿向后退，直到其所在的位置比你借助这个物体做俯卧撑时稍远。

弯曲肘部，放低身体，直到你的头部低于你的双手，在动作过程中始终绷直身体。你的双脚一定要站得足够远，这样你的头才能不碰到你的手抓着的物体。当你的肱三头肌拉伸到极限时，再靠手臂发力把自己推回到起始姿势，最后锁定手臂。

你的身体中段一定要绷紧，腰部不要弯曲。还有，在整个动作过程中，肘部始终朝下，克制住让它们朝向身体两侧的冲动。

变式：新手可以试着使用差不多与头部等高的物体，如五斗柜或壁炉架。

准备升级吗？找一个更低的平台，平台的高度越低，难度就越大。

屈臂撑（2～4）

肱三头肌、胸肌

找两个距离2英尺（30.48厘米）的固定平面，或者找两个物体，将其摆放成相距2英尺（30.48厘米）。它们必须足够结实，足以承受你的体重，另外它们的高度也应该相等（至少不能差太多），而且不能低于你的腰部。厨房操作台台面、床架、桌子、写字台、书架、窗台都可以。

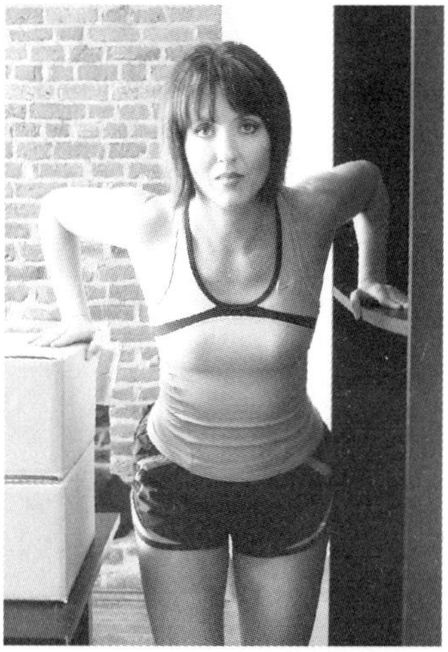

双手分别撑在这两个平面或物体上，双臂在身体两侧锁定，弯曲双腿，使自己的身体在两个平面或物体间悬空。然后，尽可能低地放低身体，膝盖要一直悬空，不能着地；紧接着，再把自己撑起来，同样地，只有你的肘部和肩部可以弯曲。还有，你的腿一定不能摆动。

两个支撑物高度不同也没有关系。像我有时就会将一只手撑在壁炉架上，而将另一只手撑在椅背上，只要记住每组之后转身换边就行。

变式：你可以在向上撑时用腿借力，或者在你身后放一把椅子，弯曲双腿后把脚搭在椅子上，在你撑起自己时帮自己一把。如果你能做到的话，在你放低身体时试着将脚从支撑物上移开，然后有控制地放低身体。这样对提高你的能力很有帮助，最终你可以不依赖任何辅助完成这个动作。

准备升级吗？想加大难度的话，你可以背一个装有重物的书包做这个练习。

仰卧撑（3~4）

肱三头肌、斜方肌、三角肌、臀大肌、下背部

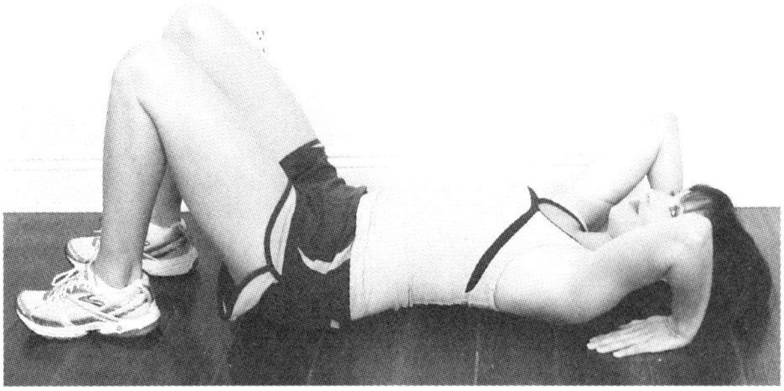

平躺在地上，弯曲双腿，膝盖指向天花板，双脚脚掌着地，双手放在头部的两侧，手掌着地，手指指向脚的方向，肘部朝外并朝上。

臀部离开地面，把你的整个身体推起来，直到双臂完全伸直。反向弓背，直到肩膀、上胸部和胳膊成一条直线。

缓慢地放低身体，直到背部接触地面。

请记住，当你撑起身体时呼气，放低身体时吸气。

准备升级吗？这个动作稍作改变，就是一个非常棒的锻炼肱三头肌的动作：保持动作最高点的姿势，只让头部下降，就像右边的照片中展示的那样，头顶接触到地面时再将自己推起，能完成多少次反复就做多少次。

肩部

肩胛带主要由斜方肌和三角肌的前束、中束和后束组成。只有把三角肌的前中后束都练好，你的肩膀才能强壮宽厚。

旋臂（1）

肩部

这个动作十分适合在更高强度的动作前后做，用于热身或放松，也适合那些因伤病或年龄的原因而久不健身的人。我得承认，为了折磨新兵，我曾经不止一次地让他们无休止地只做这个练习。

站立，双臂侧平举，注意让双臂保持笔直；双臂在空中划圆（幅度可大可小），向前10次，再向后10次。

变式：如果你将手臂前平举，并让双臂在空中划圆，你的三角肌前束就会得到集中锻炼。如果你向前俯身，双臂伸向身体两侧并上下拍动，你的三角肌后束就会得到集中锻炼。你也可以将双臂举过头顶做这个练习。

军体俯卧撑（2～4）

肩部、肱三头肌

和中式俯卧撑类似，只不过做这个动作时，双手间距要与肩同宽。

准备升级吗？手撑在高一些的地方，使你的头能降到手的高度以下，这样能增大你的动作幅度。例如，取一把椅子，放在沙发旁，脚踩在椅子上，双手撑在沙发的扶手上，双腿伸直，弯腰，臀部抬高，背部挺直，肩膀下压，直到你的后颈接触到沙发。

你也可以将脚踩在一把椅子上，然后将双手撑在另外两把椅子上，这样在动作的最低点，你的头部和肩膀就能降低至两把椅子之间。你还可以在地板上放两个结实的箱子、两本字典或大部头的书，借助它们来做这个动作。

猴子俯卧撑（3）

肩部、肱三头肌、腿部、核心区

站立，膝关节处约弯曲90°；双腿保持弯曲，身体前倾，倒向地面，双手撑地，用双手和双脚支撑身体。接着，弯曲肘部，放低身体，直到鼻子几乎接触到地面，然后再把自己推回到该动作的起始位置，膝关节处和肘部弯曲90°。向上跳起，并抬起大腿使其与你的手相碰；轻轻地落地，膝关节处保持弯曲。

烈焰当头（3~4）

肩部、肱三头肌、胸肌

这个动作主要冲击你的肩部，同时也能锻炼你的胸肌和肱三头肌。你可能觉得这是小菜一碟……真的是这样吗？试试看吧。

做1个标准俯卧撑。

起身改为跪姿。

双臂向上伸直，就像你在推举一个隐形的重物一样，重复4次。

做2个标准俯卧撑。

做8次双臂向上伸直的动作。

就这样，每次增加一个俯卧撑，而伸直手臂的次数则是俯卧撑个数的4倍。例如，你这次做了7个俯卧撑，那么接下来就要重复伸直手臂的动作28次。

当你无法再多完成一个俯卧撑时（这时你的三角肌像是着了大火一样），就开始递减的过程，即每一组的俯卧撑个数都比前一组少一个，这样逐次递减，直到只做一个俯卧撑，而举手的次数同样是之前所做的俯卧撑个数的4倍。举例来说，如果你能做到6个俯卧撑，但是做第七个时有点儿吃不消，那么接下来就伸直手臂28次（7 x 4），然后下一组做6个俯卧撑，伸直手臂24次，之后做5个俯卧撑，伸直手臂20次，直到只做1个俯卧撑，伸直手臂4次，这样就大功告成了！如果你最多能做到7个俯卧撑，这个练习大概会用时10分钟。你越强就做得越多，用时也就越久。

顶上推举（1～4）

肩部、斜方肌、肱三头肌

好吧，这算不上自身体重练习，不过这个动作用到的道具在家里很容易找到。

站立，双脚与肩同宽，把一个重物举到胸前（装有东西的书包或箱子都可以，你甚至可以提着一把扶手椅来做这个练习）。重物越不容易拿稳就越能锻炼你的肌肉，使用不同重量的东西可以改变这个动作的强度。

腹部收紧，背部挺直，双臂上举，将重物举过头顶，直到你的双臂锁定。

在动作的最高点尽量高地耸肩，收缩肌肉，保持这个状态1～2秒。

有控制地将重物放低至胸前。

准备升级吗？在深蹲、弓步、后弓步或保加利亚劈腿深蹲的最低点做顶上推举。

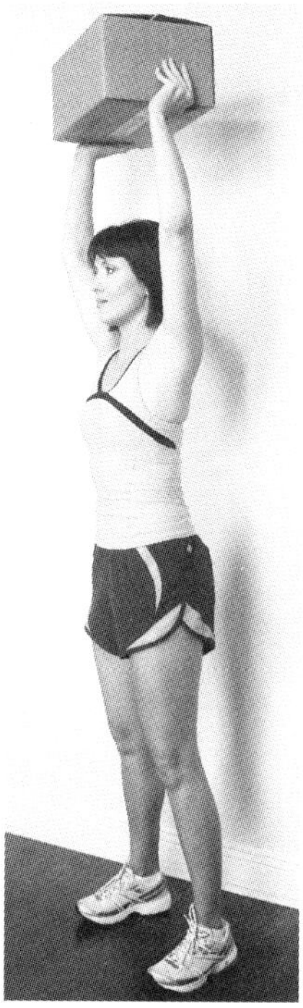

大拇哥（2～3）

三角肌后束、下背部

俯卧，双臂侧平举，双手握拳，大拇指指向正上方。然后，抬高肩膀和头部，双臂伸直，尽最大力气抬高双臂，在动作最高点收缩你肩部的肌肉。多完成几次反复。

准备升级吗？每次都在动作最高点保持3秒；或者，抬高双臂，能坚持多久就坚持多久，休息15秒，然后继续。

侧平举（1~4）

肩部，主要锻炼三角肌中束

做这个练习的时候最好不要空手，不过如果姿势标准，那你只需要一点点重量就能实实在在地锻炼你的肩部。罐头、牛奶壶、装满物品的购物袋或装满水的水桶都可以，你可以根据自己的力量随意选择。

站立，双脚与肩同宽，双臂在身体两侧下垂。双臂侧平举，直到与肩膀同高，在这一过程中，肘部不要弯曲，手掌向下。在动作的最高点让大拇指微微指向地面。接着，缓慢地放下双臂，使其回到你的身体两侧。

变式：如果想锻炼斜方肌，你可以加大动作幅度，让手臂在空中划出180°的弧线，双手（或罐头、水壶）在头顶上方相碰。双手超过肩膀高度时，转动手腕，使大拇指指向上方。

准备升级吗？在动作的最高点坚持2秒。

俯身侧平举（1～4）

肩部，主要锻炼三角肌后束

这个动作不需要太重的重物。动作过程和侧平举一样，只不过髋部要向前弯45°左右，背部要保持挺直。做这个动作时，一定要注意在动作的最高点收缩肌肉，你可以想象自己在用肩胛骨挤压高尔夫球。这个动作很适合锻炼三角肌后束——强壮的肩膀的关键。完美的肩膀从侧面看时应该呈心形，但这并不常见，因为大多数人都只注意锻炼三角肌前束和中束，而忽视了三角肌后束。

变式：你也可以坐在椅子上或坐在沙发、床的边沿做这个练习。记住，一定要确保髋部向前弯45°左右，背部保持挺直。

准备升级吗？在动作的最高点收缩肌肉，保持1～3秒。

前平举（1～4）

肩部，主要锻炼三角肌前束

动作基本要领和侧平举一样，只不过双臂要笔直伸向正前方，抬起至脸的高度。

耸肩侧平举（1～4）

斜方肌、三角肌中束

站立，双臂侧平举，双臂始终保持这一姿势（就像被钉在十字架上一样），尽可能高地耸起肩膀，让肩膀靠近耳朵，实实在在地收缩肌肉！接着，放松肩膀，然后再耸肩，重复动作。

你还可以拿着大桶牛奶、水壶、罐头、砖头、装着石头的书包等东西做这个动作。

准备升级吗？在动作的最高点坚持10～15秒。

倒立撑（4）

前面所有动作的终结者！几乎涉及你身体上所有的大肌肉群，重点是肩部，其次是肱三头肌和核心区。

做这个动作其实相当于用你的全部体重做肩部推举。做这个动作的时候，若是光着脚的话，墙上就会逐渐出现污渍，虽然这种污渍很容易清除，但我们最好还是在练习时穿上袜子或者不会留下剐蹭痕迹的鞋，除非你能找到一堵不怕剐蹭的墙（如户外的墙壁）。

背靠着墙站立，俯身向下，让双手和双膝着地，手距离墙约3英尺（91.44厘米），脚跟挨着墙壁。双脚离地，抵在你身后的墙上，然后让双脚在墙上“走”到尽可能高的位置。双臂伸直，此时，只有双手着地，现在把双手挪到距离墙约1英尺（30.48厘米）处，在身体向墙壁靠近的过程中，腿顺势沿着墙面向上滑。现在，你的姿势应该已经到位，你的整个身体（从手到脚）应该成一条直线。

有控制地缓慢放低身体，直到头部几乎接触到双手之间的地面。接着，把自己推起来，直到肘部几乎锁定。在动作过程中，上身始终要保持挺直，核心区始终绷

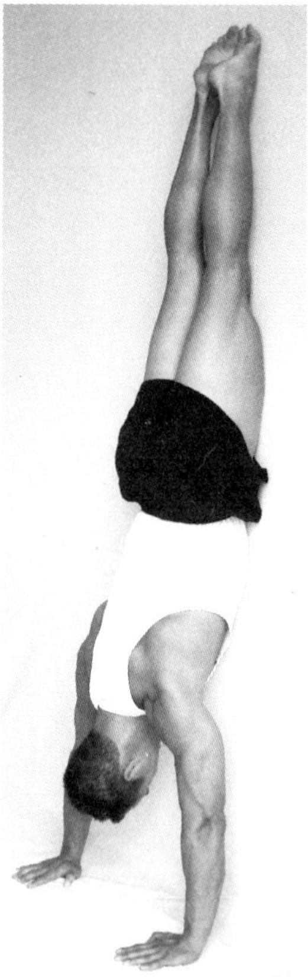

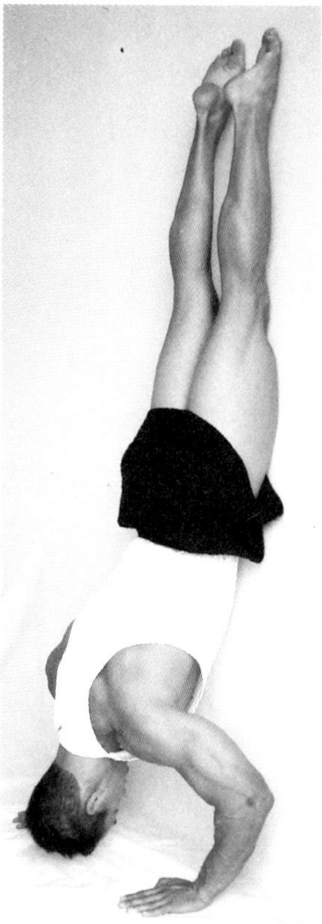

紧，不要弓背。

结束倒立有几种不同的方法：你可以保持臀部位置不变，向一侧放下一条腿，然后再站起来，就像做侧手翻一样。或者，如果你还有力气的话，就向着远离墙壁的方向挪动双手，顺势将腿放下来，其实就是与倒立的步骤相反。

如果你做倒立撑有点儿困难，而且你需要适应一下血涌向头部的感觉，那就先做静态的倒立练习，每次保持靠墙倒立的姿势15～30秒。

变式：要想加强对肱三头肌的锻炼，就缩小双手间的距离，并让左右手食指和大拇指指尖相触，构成三角形。你也可以在保持倒立姿势的同时耸肩，这会给斜方肌以额外的刺激。

当你能够比较轻松地做倒立撑时，你可以试试静态的单手倒立：一只手撑地，另一只手离开地面，尽可能久地保持，然后再换另一只手撑地，练习时双腿分开一些会有帮助。这个动作真的会给你的肩部和稳定肌带来实实在在的冲击。

准备升级吗？放低身体，直至鼻子轻触地面。

练得足够强之后，你可以用书本、砖块或椅子之类的东西把双手架高，从而加大动作幅度，让头部在双手间降得尽可能地低。注意，一定要确保你使用的物品足够稳固。

你还可以试着背对墙壁做倒立撑。开始时，面朝墙站立，弯下上半身，双手撑在地上，手指指向墙壁，手距离墙6～9英寸（15.24～22.86厘米），双脚蹬地而起成倒立姿势。如果可以的话，尽量控制双腿，不要让脚跟狠狠磕在墙上。这种倒立上墙的方法会为你不依赖墙壁做倒立打下基础。接下来的动作和前面讲的一样。结束倒立姿势时，有控制地依次放下双腿，然后再站起来。

和腿一样强的胳膊（倒立训练）

你是否曾经想学倒立呢？这的确是一个对肩膀力量进行极限冲击的好方法，能让你在锻炼的同时享受乐趣。

倒立是锻炼肩胛带每一块肌肉的最佳练习之一。当然，大多数人都不是天生就能做倒立的，你或许也不例外。下面，我将告诉你怎么做。学会做倒立并不容易，需要真正下一番工夫。的确，想要学会做倒立，你就必须刻苦练习，但这些练习不仅仅是达到目的的手段。最终能做无支撑倒立其实只是锦上添花，你因为刻苦练习倒立而拥有了发达的斜方肌、宽厚的肩膀、厚实的肱三头肌，身体的平衡性以及协调性也变得更好，这才是对你为此花费的时间以及付出的努力的最佳回报。

接下来，让我们把练习的流程（倒立着）走一遍……

首先，你得练好自重军体俯卧撑。如果你记不清楚军体俯卧撑的做法，就翻至第78页再看一看对军体俯卧撑的描述。上身前倾，髋部弯曲90°，双手打开，与肩同宽（记住，手的位置越高就越容易）。如果需要的话，你可以在刚开始做时将脚踩在地上、手撑在高处（如咖啡桌上）。随着你不断变强，逐渐降低手的高度，直至你可以将手撑在地面上做。接下来，你可以开始架高你的双脚。反复练习，不断提高脚的高度，直到你的脚可以抵墙而上、你可以做有支撑的倒立。

到此为止可以说已经完成了一半。现在，靠着墙壁做倒立撑；然后，试着离墙壁远一些做倒立撑；接着再试着保持静止倒立姿势。试着做3分钟，中间的休息和间隔次数要尽可能地少。你可以看着表做，也可以干脆自己数秒数——但要努力克制，千万不要在感到难以坚持时越数越快。最后，等你做得到的时候靠墙练习静态单手倒立。反复地换手，直到你能总共坚持3分钟。

现在，你的力量已经足以做无支撑倒

立，是培养平衡性的时候了。对大部分人而言，这是最大的困难，但其实只要你有耐心和恒心就可以克服。

首先，在有墙壁保护的情况下练习静态倒立。手撑在地上，距离墙6～9英寸（15.24～22.86厘米），手指指向墙，双脚蹬地而起成倒立姿势，控制好双腿，不要让脚跟狠狠磕在墙上。现在，双脚轻点墙壁，继而离开墙壁，在不倚靠任何东西的情况下倒立，尽可能久地坚持。刚开始时，可能坚持1秒都很困难。你要反复尝试，试着找平衡的感觉。起初，这个动作看起来根本不可能完成，但成功的诀窍在于练习、练习、再练习——频繁地练习难度较低的倒立动作。

倒立对平衡性和协调性的要求很高，而坚持频繁的、高次数的轻量练习的效果比间隔的高强度练习的效果好。可能你总是在某个地方或某一堵墙边练习倒立。那么，你可以试着养成每次经过那个地方时都做一次无支撑倒立的习惯，一天练习5～20次。

你要学会控制你的腿，双腿并拢，脚尖指向正上方。腿不乱摆不但能使你的倒立姿势看起来更有型，也有助于更好地维持平衡。

当你能坚持无支撑倒立几秒钟时，你就可以不再依赖墙壁。注意，一定要在地毯上练习，因为你难免会倒下来，你得学会保护自己不受伤害。一旦失去平衡，你需要马上做前滚翻。前滚翻的动作要领是：有控制地弯曲肘部，将下巴收到胸前，蜷缩双腿（不要太紧）向前滚，臀部先着地，然后是腿。

无支撑倒立的动作步骤和背对墙倒立时一样，只不过现在没有墙。练习倒立时要特别注意腿和头的位置，体会它们对平衡的影响。你要在不影响日常锻炼的情况下，每天都花点儿时间练习倒立，不要着急，慢慢来。

双脚蹬地腾空并尽量坚持，反复不断地练习，直到疲劳，这是非常棒的练习。即便你只能坚持一秒钟或者一秒钟都坚持不了也没什么，你只需要继续做。你得摔几个跟头才能学会，不要灰心，坚持下去，尝试、摔倒、尝试、摔倒、再尝试，就像学骑自行车时那样。你不需要别人来扶着你，你要有倔强不服输的劲头，坚持练习是关键。逐渐地，你维持不了平衡而倒下的次数会越来越少。终有一日你会突然发现自己能做到了，你将成为万里挑一的精英——地球上少数能做无支撑倒立的人之一。

现在，你可以试着用自己的手走几步。学会"用手走路"之后，你可以做几个无支撑倒立撑——肩部练习的顶峰！

13

拉力练习

拉力练习可以锻炼做推力练习时锻炼不到的上半身肌肉。拉力练习的动作种类比其他部分少，但这些动作的变式很多，其中有些很有用，各种水平的人几乎都能从中获益——从初次健身的新手到体操运动员或健美运动员。举例来说，你不必因为现在还不能做一个完美的引体向上而担心，我会在变式小节里教你如何一步步征服这个经典的力量练习动作。

仔细地研究这部分的每一个动作，你会发现它们有很多变式——分别侧重于锻炼不同的肌肉，从前臂的不同侧面、肱二头肌到背部的不同部分，甚至包括三角肌后束。单靠拉力练习就足以发展你想要的所有力量。

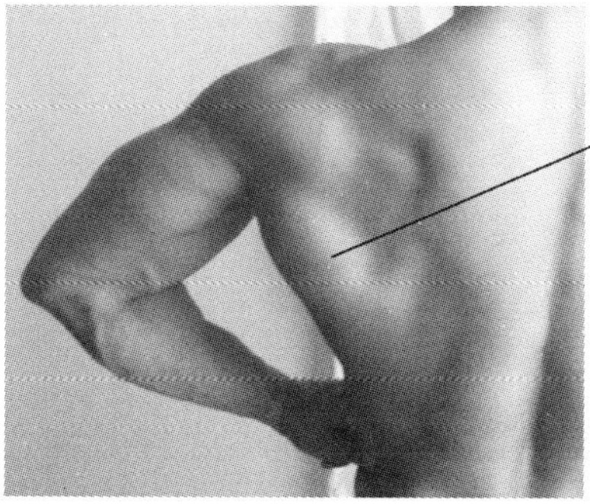

引体向前（1～4）

背阔肌、肱二头肌、前臂、三角肌后束

这是针对背阔肌和肱二头肌的、最好的全面练习。我会介绍几种不同的变式，它们侧重锻炼的肌肉有所区别，强度也不同。现在，我们先来看看基本动作：

面朝一扇打开的门的侧沿站立，双手分别抓住门内外两侧的门把手。

双脚分别位于门的内外两侧，将门夹在双腿之间，你的脚跟应当在门把手的正下方，看上去就像你正“骑”着门一样。你和地板之间需要有很好的摩擦力，所以做这个练习时，你最好穿上鞋子。

上半身后倾，直到你的手臂伸直。然后屈膝下蹲，臀部向后坐，背部挺直，和大腿成直角。

背部要始终与大腿成直角，脚要平踩在地上（不要翘脚尖）。接着，将你的身体向前拉，直到你的胸脯碰到门的侧沿。用力夹紧你的肩胛骨，有控制地让上半身后倾，在动作的最低点尽可能地拉伸你的手臂和肩胛骨，在动作过程中上半身和大腿要始终成直角。

变式：如果感觉有困难，你可以将

脚向后移一些。刚开始时，你甚至可以让脚尖抵住门的侧沿。随着你的力量逐渐增大，一点点地向前移动你的脚。记住，脚的位置相对于手的位置越靠前，动作难度就越大。

做这个练习时，你可以正握或反握，也可以侧握。掌心向下正握时，偏重于锻炼前臂外侧（伸肌）；掌心相对侧握时，也侧重于锻炼前臂外侧；而掌心向上反握时，则偏重于锻炼前臂内侧（屈肌）。

如果要重点锻炼背部，那就让肘部朝下，夹紧两肋，在动作的最高点用力夹紧你的肩胛骨，在动作的最低点尽可能地拉伸它们。将胸部拉向手将使上背部、三角肌后束和肱二头肌得到重点锻炼，将腹部拉向手则侧重于锻炼下背部。

为了加大你的抓握力，你可以在门把手上缠上毛巾（如下图所示），然后用手抓住最靠近门把手的那部分毛巾。在将自己拉起的同时，扭动手腕，让你的手掌微微向上（反掌），这可以让前臂的不同肌肉参与动作，以新的角度刺激肱二头肌。

如果想握得更容易，你可以用较长的毛巾或绳子缠住门把手，然后再把毛巾或绳子的两头系住，接成一个可以抓握的小环。

要想加大阻力，你可以用毛巾缠住门把手，手抓住距离门把手1英尺（30.48厘米）左右的那段毛巾，而脚还是放在门把手的正下方，这将使难度大增，你的肱二头肌和背部将得到更大的冲击。还是那样，脚的位置相对于手越靠前难度越大。

借助栅栏、小树干、自行车架、路标、柱子、电线杆或任何固定在地上的杆子都可以做这个练习。不管在哪儿，我都能找到东西做引体向前。你真正需要的只是一个与腰等高的、能稳稳抓住的东西，水平的或竖直的都可以——只要它的下面有放脚的地方就行。充分发挥你的创造力，想一想都可以借助哪些东西吧！另外，这个练习可以用毛巾，也可以不用毛巾；你还可以用一条两端都打有结的粗绳子，这样你的手就不会滑脱了。

还有一种方法可以加大阻力：降低手的高度或者脚踩在高出地面的地方。例如，在我公寓的露天天台四周有一圈格子

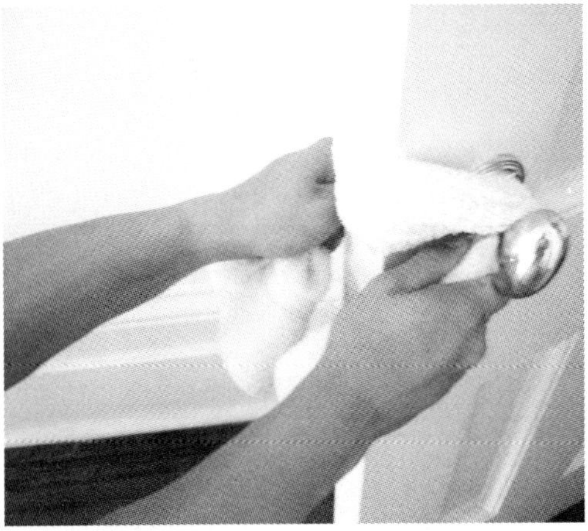

栅栏。我用双手抓住最上面的栏杆——和我腰部的高度差不多，脚踩在大约离地面10英寸（25.4厘米）的格子里，然后尽可能低地向后坐，开始练习引体向前。实际上，做引体向前的方法无穷无尽，不过你最好还是从基本的做起。没有什么方法比它更适合用于锻炼你的肱二头肌和背部的肌肉。

准备升级吗？试着做单臂引体向前吧！这会对你的前臂、肱二头肌和背部的力量提出非常不一样的要求。做这个有很多不同的方法，它们各有优点。你可以将缠在门把手上的毛巾的两头都抓在手里来做，这有益于增大握力和前臂力量，抓住门框的突出部分也有同样的作用。小树干或任何稳固的杆子、柱子都可以用来做单臂引体向前，只要用你的双脚夹住它们就行；楼梯扶手或齐腰高的引体向上单杆也适合用于这个练习。另外，你还可以用吊环来做，只要把它固定在其他东西上就可以。第一次做单手引体向前时，我把一个衣架弄弯挂在门内外两侧的门把手上，然后又在衣架的中间裹了一条毛巾，以便握得舒服一些。或者，你还可以把皮带或绳子缠在门把手上、树上、栏杆上、柱子上或者任何地方的杆子上来做。

反向划船（2～4）

背阔肌、肱二头肌、前臂、三角肌后束

躺在一个稳固的东西下方，这个东西必须足够稳固，足以让你抓着它把自己拉起来，如桌子或架在两个稳固的物体上的杆子（一会儿再细说）；另外，它的高度应该略大于你的手臂长度，大约与你的腰部等高（你站立时）。用于架杆子的两个物体之间的距离小于手臂的长度也可以，但这不是最理想的，因为那样会使你的动作受到限制。

平躺，让胸部位于你要抓住的东西的正下方。抬起双臂，双手紧紧抓住上方的杆子或平面，双手尽可能与肩同宽，掌心朝向脚的方向。

整个身体成一条直线，将胸部拉向你抓着的杆子或平面，用力夹紧肩胛骨，只有脚跟与地面接触。抓牢，别松手，缓慢地放低身体，在动作的最低点尽可能地拉伸你的手臂和背部。

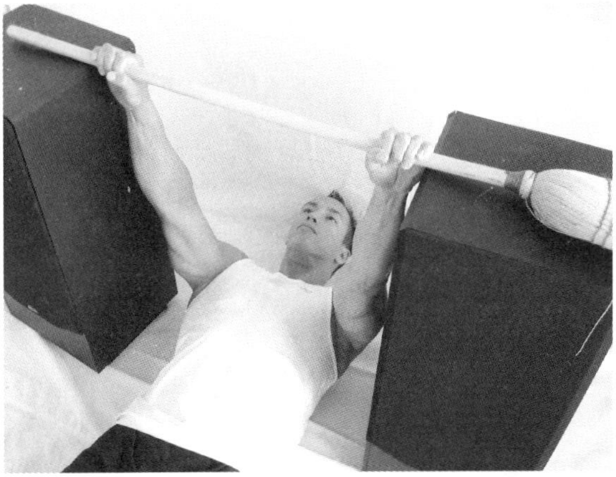

变式：屈膝，脚掌着地，让双脚距离上半身近一点儿，这样更容易做。

如果双臂距离增大，那么背阔肌将得到集中锻炼，反之则更侧重于锻炼肱二头肌。

做这个练习时，你可以正握或反握，也可以侧握。掌心朝向脚正握时，这个动作侧重于锻炼前臂外侧（伸肌）；掌心相对侧握时（如在桌子下面时，抓住桌子相对的两边），也侧重于锻炼前臂外侧；而像下图那样反握时，你的前臂内侧（屈肌）则会得到集中锻炼。

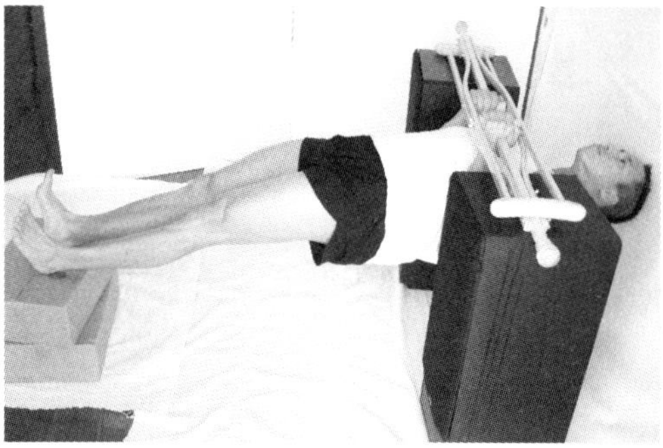

准备升级吗？把脚架在小桌子或椅子之类的东西上会带来很大的不同，但要记住保持背部挺直，除非你为了完成动作而不得不略微弯曲髋部和双腿。

你还可以在做每组动作时，抬起一条腿，这样一来，在下面支撑的那条腿就需要向下压，以保证你的身体成一条直线，这不但可以更好地锻炼你的股四头肌和腹肌，还能使你的臀部和腘绳肌也得到锻炼。

找东西做反向划船

在家里找一找，发挥你的创造力。我最初是将一把结实的扫帚架在两个音响上，用它们做这个练习的。你也可以使用拖把或任何不会断的杆子，你只需要把杆子架在两个高度相同的物体上，让杆子与地面的距离大于你的手臂长度就可以了：椅子、桌子、档案柜，随你想象。一般情况下，两个物体的距离比肩略宽就可以，不要距离太远，除非你的杆子非常结实。注意：要确保杆子足够稳定，不会来回滑动。如果你觉得有必要，而你选用的用于架杆子的物体又恰好是木制的，你可以在每个物体的上表面（杆子的两边）钉钉子来固定木杆，在你练完之后可以把钉子拔下收好下次再用。

家里有一副旧拐？那么，你可以如左页中的上图所示把两根拐架在两个物体上，使两根拐上的短横木位于你的胸部上方，二者之间大约距离1英尺（30.48厘米），开始练吧！拐绝对是做这个练习的理想工具。

其实，你甚至连杆子都不需要，一张桌子就足够了。我在外出旅行的过程中就是这么练的。你可以躺在一张高度大于你的手臂长度的桌子下，你的胸部应该位于桌子边缘的正下方，你的头则要超出桌子边缘。然后，伸手抓住桌子的边缘，像前面描述的那样，把自己拉起来，直到胸部碰到桌沿（注意：在此过程中，脚跟始终着地）。接着，缓慢地放低身体，直到双臂完全伸直，你能真切地感受到背部的拉伸。如果桌子宽窄合适，你还可以抓住桌子相对的两边来做这个练习。你甚至可以反手做，只要调整你在桌子下面的位置——头在桌下而身体和腿伸在外面。现在，伸手抓住桌子的边缘开始练吧！

最后，虽然并不必要，但如果你想要的话，你可以去网上买一个引体向上单杆，有了它你就可以在门口做引体向上和反向划船了。大多数引体向上单杆都配有两对挂架，用于将单杆挂在不同的高度——其中之一用于将单杆挂在适合做引体向上的高度，另外一个用于将其挂在适合做反向划船的高度，也就是腰部那么高。当然，引体向上单杆也可以用于做引体向前。

引体向上（2~4）

背阔肌、肱二头肌、前臂

这里有一个最简单的方法，能让你无论在世界上的什么地方都可以做引体向上，那就是“门上引体向上”。首先，将门半开，在门的上沿铺毛巾、T恤或布，如果这样还不足以卡住门，使门不摇摆，那就将楔子、毛巾等物品塞在门下或卡在一个合叶上方。然后，面向门站立，双手握住门的上沿，双手与肩同宽，弯曲双腿，双脚离开地面，使身体悬于空中。接着，将自己拉起来，直到下巴高过门的上沿。最后，缓慢地放低身体，直到双臂完全伸直，在动作的最低点真切地感受手臂和背部的拉伸感。门上引体向上的优点是你不能摇晃或蹬腿来借力，此外在将身体

向上拉的过程中，大腿和门的轻微摩擦还额外增加了阻力，这就使得这个练习比普通的引体向上更难。

门之外的选择：当然你也可以用引体向上单杆来做这个练习。引体向上单杆很小巧、可拆卸，价格也不贵，利用它能很好地锻炼你的背阔肌、肱二头肌和前臂。很多公园里都有可以做引体向上的横杠，你甚至可以用攀爬架来做。

还有一个好办法是找一个粗得足以承受你的体重、又不至于握不住的树枝，用双手握住它（侧握，双手离得近些，掌心相对），然后将自己拉起来，直到你的胸部接触到树枝。每做完一组就交换双手的位置，然后再做下一组。使用引体向上单杆时也可以这样侧握，你的肱二头肌和前臂会得到很好的锻炼。

或者你也可以借助各种架子来做，如高大稳固的书架，甚至是那种只有水平面而没有垂直面的简易楼梯也可以（很多公寓大楼和汽车旅馆都有这种楼梯）。借助简易楼梯做引体向上时，你先要站在楼梯下方，找一级高得足以使你的双脚离地的台阶抓住，如果最高一级台阶也不够高，你也可以屈膝，向后抬起小腿，使自己的双脚离地；然后，把自己拉起来，直到胸部能接触到你抓着的那一级台阶。

变式：现在还做不了引体向上？你可以在身后放一把椅子或类似的东西，屈膝，把你的脚搭在上面，这样你就可以在运动过程中用腿借力。这样练一段时间后，或者感觉这样做难度太低，你可以试着跳一下，直接到达引体向上的最高位置，然后专注于反向动作，非常缓慢地、有控制地放低身体。反复练习，直到你强到无需辅助就能够完成引体向上。

和反向划船一样，做这个练习时若采用宽的握距，那得到重点锻炼的就是你的背阔肌；若采用窄的握距，那么得到重点锻炼的则是肱二头肌。做这个练习时，你可以正握或反握。反握（掌心朝向自己）时，侧重于锻炼前臂内侧（前臂屈肌）。

准备升级吗？想要增加难度就背一个书包。只要稍微增加一点儿重量，难度就会提高不少。或者，你也可以先向上拉自己，在胸骨碰到引体向上单杆时坚持几秒钟，然后再放低身体。

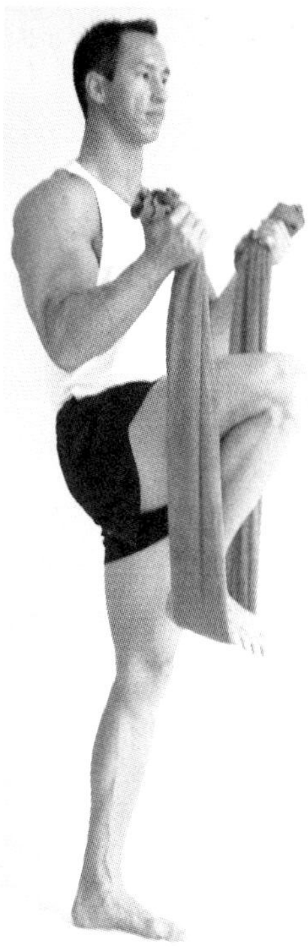

毛巾弯举（2～4）

肱二头肌、前臂

这是一个简单有效的练习。和使用重物不同，在整组动作过程中你始终能给予你的手臂非常合适的阻力。

首先，靠墙站立以便保持平衡，双手各抓住一块正常大小的沙滩巾或浴巾的两端，抬起一条腿（哪条腿都可以），让毛巾环住你的脚底。向上拉毛巾直到你不能再向上拉为止，通常这时你的前臂和上臂之间的夹角大约为30°。在向上拉毛巾的过程中，用你的腿来为手臂提供阻力，整个过程应当耗时5秒——自己默数。接着，再用5秒的时间靠腿部的力量将手拉下去。注意：移动的只是你的前臂，你的肘部应当在身体两侧固定不动，上臂始终与地面垂直。如果你在动作过程中始终使出全力，那么无论你是什么力量水平，你都只需要完成5次反复就足够了。

你可能需要做一两组之后才能适应用自己的身体和自己对抗的感觉。当然，你的肱二头肌肯定不是腿的对手。记住，要用尽全力拉毛巾，就像你要把它撕裂一样（别担心，你没那么大力气）；与此同时，让你的腿缓慢地抬起或放下。

变式：单手做这个练习。

檐式弯举（2~4）

肱二头肌、前臂

我爱这个练习。和毛巾弯举一样，檐式弯举也是自己和自己的身体对抗，只不过在这个练习中，你对抗的是你的背部而不是腿。

站在一个几乎和腰部等高、稳固而且你可以把手放在它下面的物体前，双脚与肩同宽：楼梯扶手、阳台栏杆、结实的书架、抽屉、窗台或者厨房操作台都可以。在家里四处看一看，发挥你的创造力，寻找可以使用的物体。注意：一定要确保你选择的东西不会有丝毫移动，而且它必须足够结实或者比你重才行。

双手展开，掌心向上，置于突出的平面下，如果你选择的是栏杆就像握杠铃一样握住它，你的双臂应当是直的（即使你不得不让身体稍微后仰）。努力向上拉动平面或栏杆，不管它们是固定在地上、墙上，还是其他什么东西上，你都要试着将其拔出来。与此同时，缓慢地弯腰，保持背部挺直，只有髋部和肘部弯曲，直到你的胸部或下巴接触到你正在向上拉的东西。

然后，缓慢地站起来，这一过程中同样要努力拉动那个东西。肘部位于身体两侧，固定住，不要移动，只有髋部和肘部弯曲。每次反复之后不休息，立即开始下一次反复，手臂始终不停地向上拉。正向和反向运动各用5秒，你只需要完成5次反复就足以轰炸你的肱二头肌。我个人很喜欢在拉力训练的结尾做这个练习来终结我的肱二头肌。

变式：做这个练习时，你也可以侧握（如图所示），双手握拳，大拇指和食指抵在你要向上拉的东西上（很像锤式弯举），这样你的前臂外侧会受到更大的冲击。如果你能找到水平的楼梯扶手或栏杆（下面有竖直杆支撑着的），你可以双手分别握住一根竖直杆的顶部做这个练习。在练习过程中，使劲用力，就像要将其拔起一样。

弯举（1~4）

肱二头肌、前臂

谁说必须有哑铃才能做弯举？几乎任何东西都可以用于做弯举，如水壶、装满东西的购物袋或者我的最爱：装有重物（书、报纸、罐头、装满水或沙子的饮料瓶、石头，几乎什么都可以）的书包。如果你也选择书包，那你就需要先向书包内塞重物，直到你觉得重量合适，然后再握住书包顶部的挂带。如果你愿意，你还可以为它做一个把手：折一段长度适合做把手的木棒，用胶带把它固定在书包顶部的挂带上（详细做法请参照附录一）。

站立，双脚与肩同宽，采用正确的站姿——胸脯挺起，肩膀向后、向下放，肘部贴于体侧(正好在髋部上方)；然后，向你肩膀的方向弯举重物；注意：肘部要保持不动。

变式： 做弯举时掌心向下会加大动作难度，使你的前臂外侧（伸肌）受到更大的冲击。

静力弯举

做这个练习根本不需要借助任何东西。你只需要用一只手抓住另一只手的手腕，使劲向下压，力量大到你的另一只手臂几乎不能像在其他类型的弯举中那样抬起来。在这个练习中，你是在用一只手臂的肱三头肌对抗另一只手臂的肱二头肌和前臂肌肉。

腕弯举（1～4）

前臂

找一个你容易抓握的东西，如精装书、罐头、纯净水瓶或果汁瓶。东西越大越重——如大开本的精装书或者合上的笔记本电脑，动作就越难。

前臂伸出，与地面平行；接着，只靠手腕的力量上下移动手中的物体，在动作的最高点坚持1秒。注意：前臂应该始终与地面平行，并且和上臂成直角。做这个练习时，掌心向上朝向天花板会锻炼你的前臂内侧肌肉（即前臂屈肌），掌心向下朝向地面则会锻炼你的前臂外侧肌肉（即前臂伸肌）。

你可以同时锻炼两只手臂——双手分别握住两个类似的东西或者同时握住一个比较大的东西，也可以每次只专注于锻炼一只手臂，由你选择。

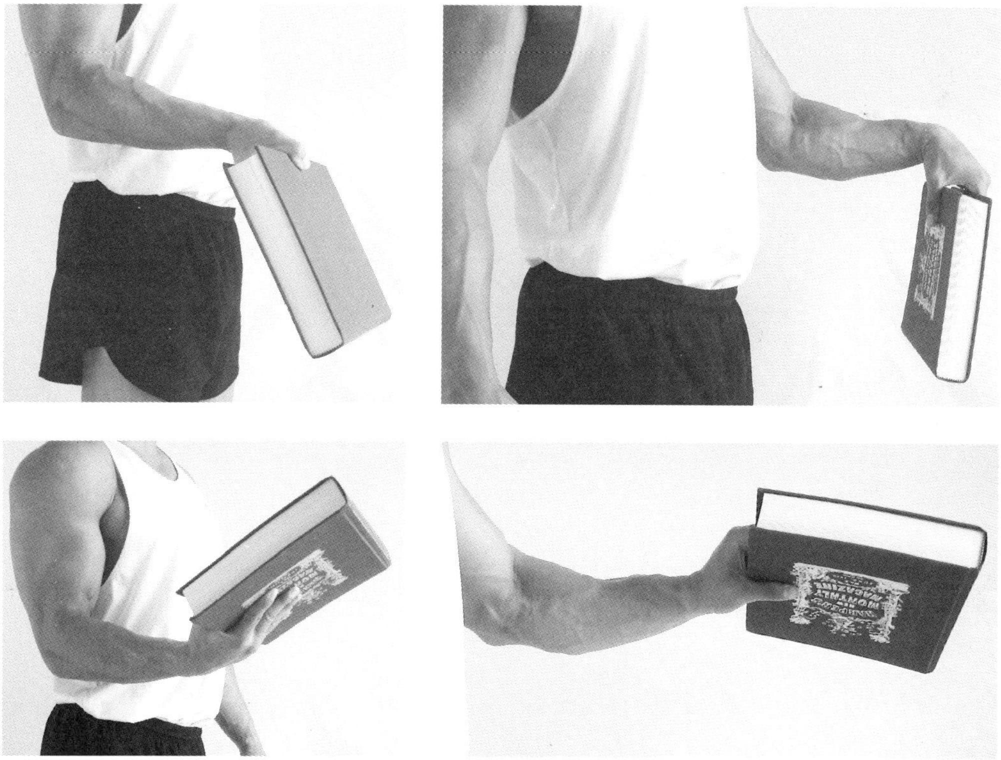

变式：有一个好办法可以同时锻炼你前臂的内外两侧，还能使你的握力增大：抓住一个东西，伸出前臂，然后反复翻转手中的东西。我有时会在一组常规腕弯举之后做这样的练习。

鹰爪（1）

手和前臂

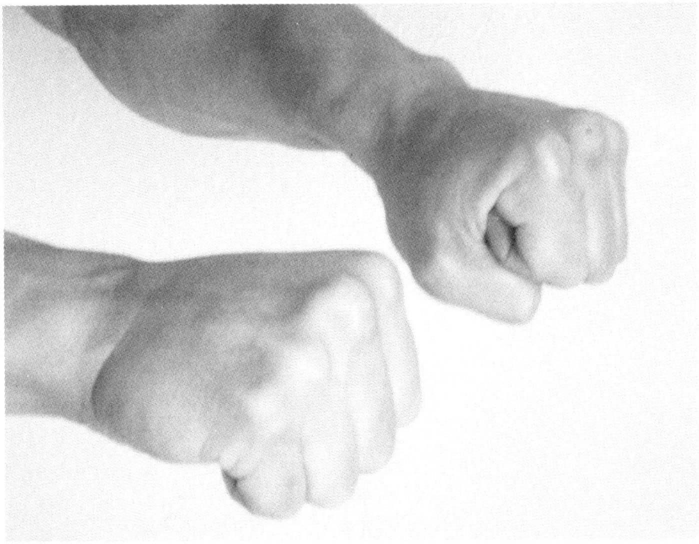

这个练习很简单，却很有效。你要反复地张开手指，然后再紧紧握拳，要尽可能地快而有力。张开手指时，手指要张开得尽可能地宽，保持半秒，然后以闪电般的速度收回手指，紧握拳头，同样保持半秒，接着再次尽可能快地张开手指，如此不间断地做50～100次就可以了。

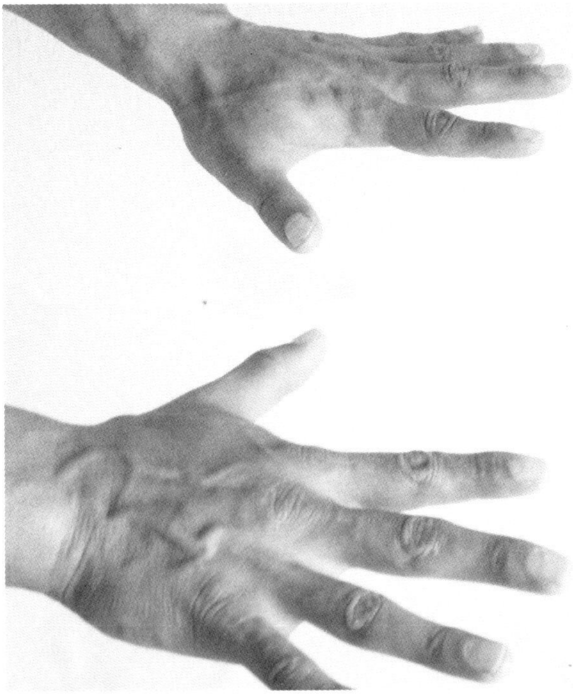

14

腿部和臀部练习

我将先介绍一些简单的锻炼腘绳肌和臀部的练习，其中一些可能让你的臀部与地心引力对抗，如俯卧分腿；接下来是锻炼股四头肌的练习和深蹲练习——从背部靠墙的入门动作开始，到相扑深蹲和柔式深蹲（西斯深蹲，sissy squats），再到无辅助的单腿深蹲和手枪深蹲——增加腿部整体力量和平衡性的最佳练习；然后是大字跳和弓步跳等增强爆发力的练习。我会告诉你如何对这些练习略做调整，从而有针对性地锻炼股四头肌的不同部位，以塑造腿形。最后，我将告诉你如何最有效地锻炼你小腿的全部肌肉。

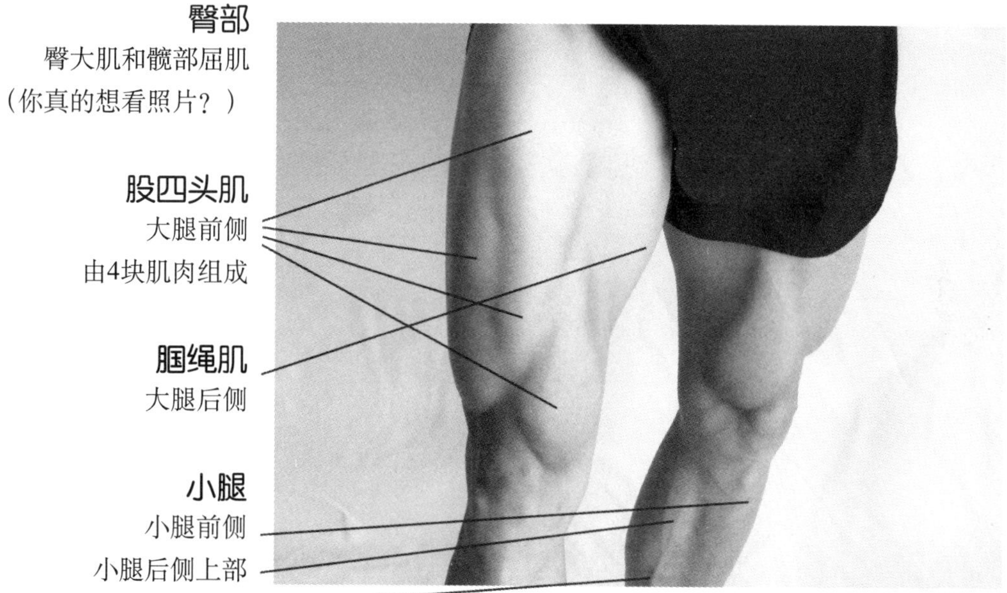

早上好（直立体前屈）（1）

臀部、腘绳肌、下背部

站立，双脚与肩同宽，双手放在颈后；然后，俯身向前，只弯曲髋部，背部成反弓形（胸部前挺，臀部翘起），双腿几乎伸直。

你应该能感觉到腿部后侧的紧张。向下俯身，直到髋部不能继续弯曲。注意：背部要始终成反弓形，肩膀不要向下耷拉；在整个动作过程中都要保持胸部前挺、肩部收紧，除了髋部，其他部位都不应该弯曲。

然后，回到起始姿势。

Hooya!

早上不怎么好

嘿，就连我有时也会放松一下，找找乐子。

为了拍摄你在书中看到的部分照片，我飞到新奥尔良度过了一个漫长的周末。我们在位于法国区的一个摄影棚内完成了拍摄。在度过疲惫不堪的两天后，我和我的合著者乔舒亚·克拉克决定出去喝几杯。在途中，我们遇到几个年轻人，他们要去够一个挂在高阳台上的酒吧标志，以测试自己的弹跳能力。那东西离地面至少有8~9英尺（243.84~274.32厘米）。他们尝试多次，终究无果，然后他们就离开了。我走到那个标志下面的时候也忍不住想要测试一下自己的弹跳能力，令人意想不到的是，我居然能摸到它。我们走进一个酒吧，发现刚才那几个年轻人也在，他们正在喝啤酒。和他们聊了一会儿之后，我开始有点飘飘然，于是决定和他们打赌我能原地起跳、稳稳地跳上吧台，赌注是一巡爱尔兰汽车炸弹（半杯尊美醇威士忌、半杯百利爱尔兰奶油威士忌，加入一品脱健力士啤酒，然后一口气喝完）。

我也不知道自己为什么想到要这么做，而且我以前也从没有试过。等酒保一转身，我就原地起跳——幸运的是，我赌赢了，我轻松地跳了上去，然后在酒保发现之前又跳了下来；接下来，赌注加倍，我再次成功；最后，我们挑战的那伙年轻人中的一个决定也试一试，他还和旁边的几位女士吹牛说这没什么大不了的。于是，他就跳了，可惜他跳得不怎么样。当酒保转过身时，他的脚恰好被吧台绊住，情急之中他想抓住些什么，以免自己直挺挺地摔在地上，结果他把吧台上的杯子都挥落在地，那些杯子丁零当啷地摔了个粉碎。

然后，我们就被赶出了酒吧，接着我们又去了另外一间酒吧，继续这种愚蠢的把戏。我们就像巡演马戏团一样，一间酒吧接着一间酒吧吵吵嚷嚷地点爱尔兰汽车炸弹。最令我骄傲的是我征服了一个与我的胸部等高的吧台，要知道我的身高有一米八，而且那时我还刚喝下一打汽车炸弹。不知为什么，我当时觉得跳到吧台中会很有趣，可是酒保转过身后，发现自己身后突然神奇地出现一个人，她一点儿都不觉得有趣。她不知道我之前是如何突然到了她身后的，但她知道接下来我该做什么，于是她对我说："出去！"

不用多说，第二天一早的拍摄自然比较痛苦。在摄影师一再苦口婆心地提醒下，我才没在拍照时做鬼脸。我的感觉就像一个讨厌被大人要求一遍又一遍、一遍又一遍地拍照的小孩子……

早上好？晚安吧！

脏狗（跪姿侧抬腿）（1）

臀部、下背部、髋部屈肌

四肢着地，双手与肩同宽，背部挺直，膝关节弯曲90°。

保持膝关节弯曲90°，右腿尽可能高地向体侧抬起，用力收缩你的臀部肌肉，现在你知道这个练习的名字的来由了吧。在整个动作过程中，髋部要摆正、保持不动，只有一条腿在动。而且，你要记住：一定要抑制进一步弯曲膝关节的冲动——始终保持膝关节弯曲90°。然后，把腿放下，回到起始姿势，换左腿继续练习。

准备升级吗？一条腿持续做到力竭之后，再换另一条腿，你还可以在动作的最高点坚持3秒。

驴踢（跪姿后抬腿）（1）

腘绳肌、臀部、下背部

四肢着地，双手与肩同宽，背部挺直，膝关节弯曲90°（和“脏狗”一样）。

缓慢地将你的右腿向后踢出，并尽可能高地向上抬起，髋部摆正，保持不动；然后，把腿放下，回到起始姿势，换左腿继续练习。

准备升级吗？不是两条腿交替做，而是在一条腿持续练到力竭后，再换另一条腿继续，你还可以在动作最高点坚持5秒。

站姿侧抬腿（1）

臀部、髋部屈肌、下背部

站立，双腿分开，与髋部同宽，轻轻地扶着一把椅子或一张桌子以保持平衡。缓慢而有控制地向体侧抬起右腿，右脚绷紧，让你的髋部、膝盖、脚踝和脚尖成一条直线，腿要抬起至45°左右；臀肌收紧，缓慢地把腿放下。

站立的那条腿要稍微弯曲，抬起的那条腿的膝盖和脚尖在动作过程中始终朝向前方。这个练习的关键是要站得笔直，肩膀和髋部要摆正，正对前方并保持不动；还有，在动作的最高点不要撅屁股。

准备升级吗？在动作的最高点坚持2秒，用力收紧臀部。

站姿腿弯举（1）

臀部、腘绳肌

站立，双脚与肩同宽，轻轻地扶着一把椅子或其他东西以保持平衡。尽可能高地向后抬起右小腿，绷起右脚背，让右脚脚跟朝向臀部。用力收紧肌肉，然后放下右腿，如此反复，完成一组后换腿。

准备升级吗？你可以在动作最高点坚持3秒。

髋屈伸（2~3）

臀部、腘绳肌、下背部

平躺在地上，手臂放在身体两侧，脚架在一个高的平台上，如一把椅子上，膝关节大约弯曲90° 。现在，仅靠腿部发力，将你的髋部尽可能地向上推，你的大腿应该和背部成一条直线，用力收紧腘绳肌和臀部肌肉。接着，缓慢地将髋部放低，直至其回到起始位置。

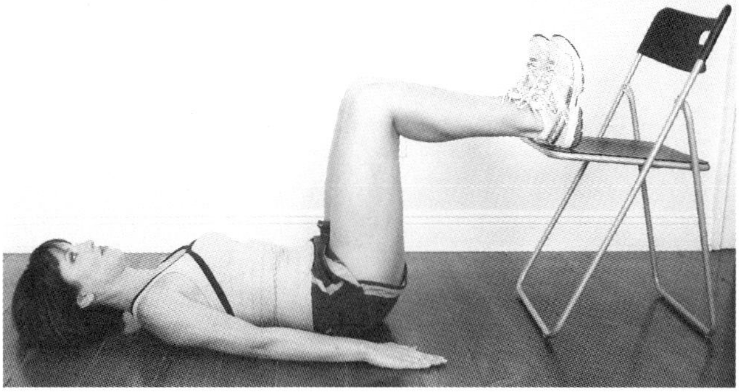

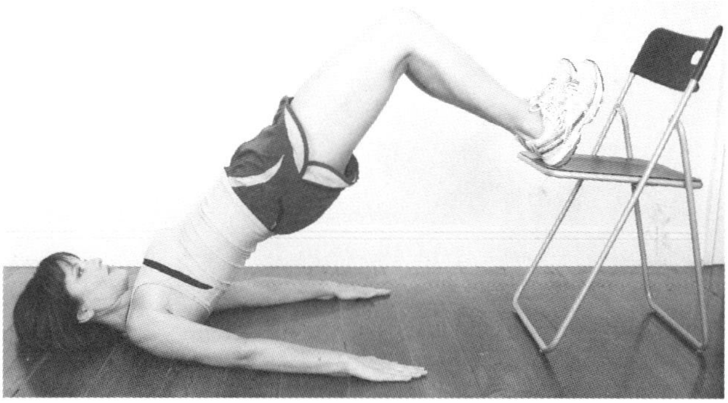

准备升级吗？你可以在动作的最高点坚持2秒，也可以单腿做这个练习。

单腿罗马尼亚硬拉（2）

腘绳肌、下背部、平衡性

双脚并拢，笔直站立；伸出右手，上身下俯，直到你的右手能摸到左脚前方的地面，背部尽可能地保持挺直：在俯下身体的同时右腿直直地向后抬起。在动作过程中不要弯曲膝关节，但也不要将其完全锁定。

回到直立姿势，然后再次俯身，用右手去摸左脚前的地面，两只手都做完就算完成了一次反复。接着，分别用两只手去摸右脚前的地面。

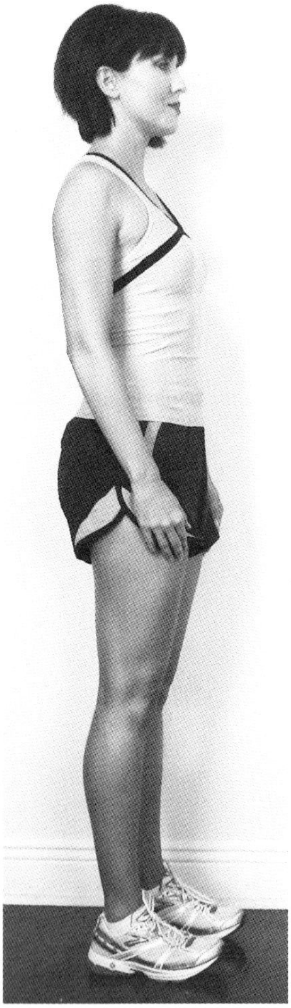

准备升级吗？你可以站在一个柔软的东西上做，如枕头或沙发垫，这样更能考验你的平衡性。你也可以背上书包增加负重或者以跳跃动作结束每次反复——单腿罗马尼亚硬拉和跳跃应该是一个连贯的动作。落地时双脚着地，如果足够强壮，你还可以试着跳到一个物体上。

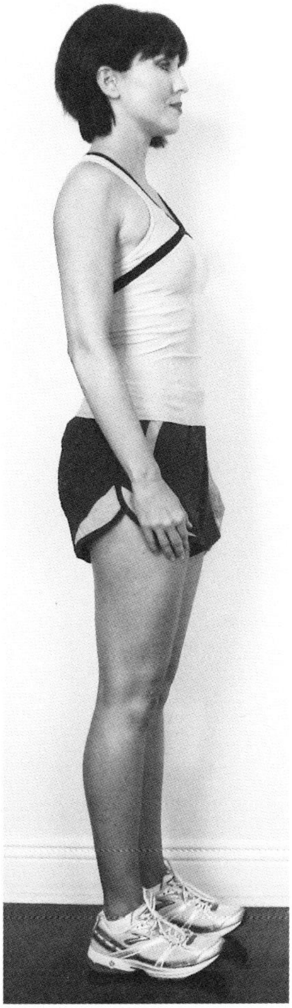

金鸡独立（1～4）

锻炼小腿、股四头肌、腘绳肌、髋部屈肌，增强身体平衡性

单腿站立，闭上双眼。

就这样，真的。觉得容易极了？试试看，看你能坚持多长时间。

聚会时可以玩玩，和你的朋友打赌他们坚持不了1分钟。

准备升级吗？当你能坚持1分钟时，试着睁开双眼，仰头看着天花板做。当你这样也能坚持1分钟时，试着抬头却闭上双眼做。

接下来，踩在厚枕头之类的柔软物体上，抬头、闭上双眼做这个练习。如果连这个都难不倒你，就站在圆木之类的曲面上做。

真的准备升级吗？踮起脚尖来保持平衡，双腿做或者单腿做！

俯卧分腿（2）

臀部肌肉

如果你养成在做完弓步或深蹲之后做这个练习的习惯，用不了多久你的臀部就会看起来像是不受地心引力的控制一样。

趴在床角(或一个宽大而稳固的平面边缘，如餐桌、咖啡桌或书桌），让床角或桌子边沿位于你的骨盆下，两条腿完全悬在床外，如果觉得不舒服，你可以在骨盆下垫一个枕头；双手抓住床的两侧，帮助自己保持稳定。

分开双腿，让双腿距离尽可能地远，然后尽可能高地向上抬起双腿，膝关节处只能略微弯曲。

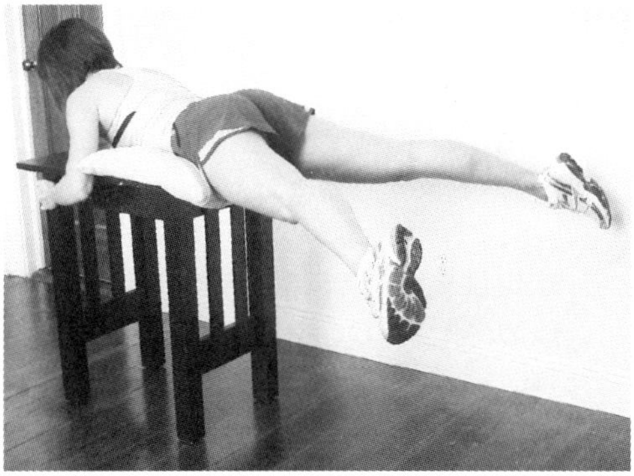

并拢双腿，直到双脚脚跟轻触，膝关节处仍然只能略微弯曲。在你尽力抬高双腿的过程中，你的腿应该在空中画出一条弧线。在动作的最高点一定要用力收紧臀部肌肉，然后缓慢地分开双腿，让双腿距离尽可能地远，接着再放低双腿。每组完成10次反复，做几组就可以了。

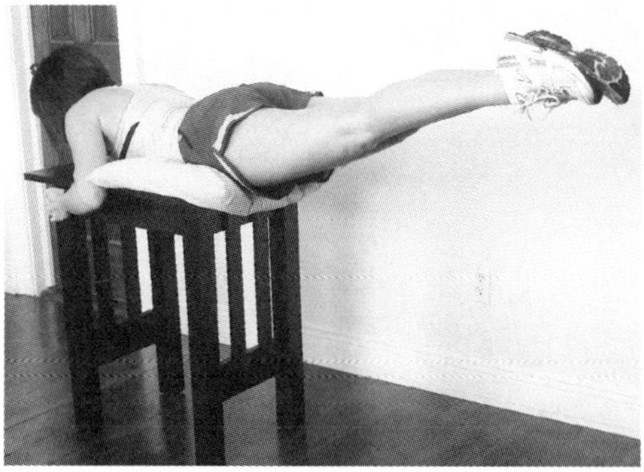

准备升级吗？你可以在动作的最高点坚持3秒。

下落撑（4）

锻炼腘绳肌，增强胸部和肩部的爆发力

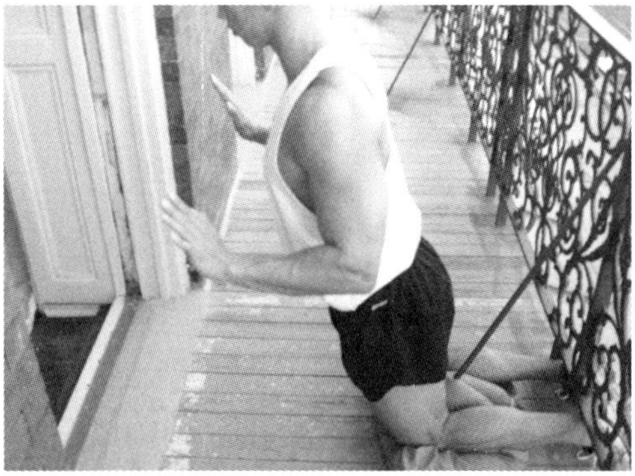

跪在枕头上，脚勾在一个固定于地面的物体上，如栏杆（如照片所示）或沙发之类的重物的底部，如果你有帮手也可以让他抓住你的脚踝。

开始时，上半身直立，背部挺直。

有控制地面朝地面倒下，缓慢而有控制地用手缓冲倒地时的冲击力。只有膝关节处弯曲，髋部应该一点儿都不弯曲，背部和大腿应该成一条直线。

在动作过程中，控制是关键。你要用你的腘绳肌来控制，尽可能地减缓倒下的速度，当你的手接触到地面的一刹那，先用手指缓冲一下，再用手掌撑地，然后让你的胸部轻触地面（就像做俯卧撑一样）。你的手接触地面时应该几乎不发出声音，因为你不是让双手砸在地上。

就像做反弹俯卧撑一样迅速地将自己推起，不过要尽量依靠腘绳肌的力量。

等你的手指离开地面后，完全靠腘绳肌发力，把自己拉回到上半身直立的起始姿势。

准备升级吗？你可以单手做这个练习，这能真正使你最大限度地使用腘绳肌，使你在着地缓冲和将自己推起离地的过程中对手臂肌肉的依赖大大减弱。你要试着不断减弱对手臂肌肉的依赖，直到几乎不需要用手推就能起身。最后，你可以试着在动作过程中完全不借助于手。

深蹲

做深蹲练习时，你的脚尖通常指向正前方或者略微指向外侧，跟你正常走路时一样。在任何深蹲练习中，你都可以让双脚脚尖向外超过30°，这样能更多地锻炼大腿上的股内侧肌（形状像泪滴，位于膝盖内侧上方，长度约为大腿的1/3，穿短裤时非常显眼）；让双脚脚尖略微转向内侧则可以加强锻炼股外侧肌（在穿紧身牛仔裤或泳装时，它使你的腿形看起来棒极了），这可以打造你大腿外侧的弧线。

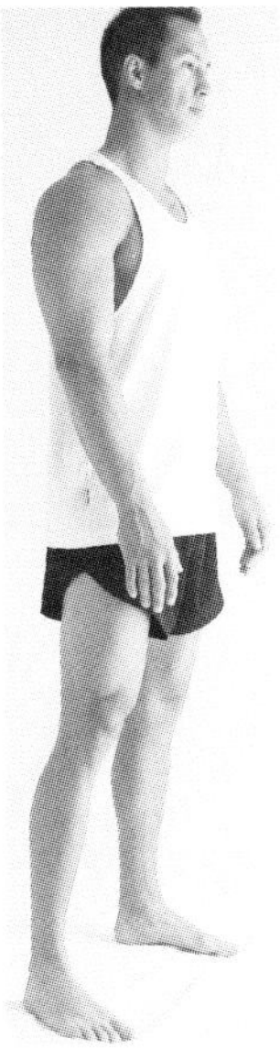

深蹲（1～4）

股四头肌、腘绳肌、臀部、下背部以及髋部屈肌

站立，双脚与肩同宽，眼睛直视前方，屈膝下蹲，直到你的臀部与地面的距离只有一两英寸（1英寸=2.54厘米）。在下蹲的同时，上身慢慢向前倾斜，直到你的肩膀位于膝盖正上方，但你的膝盖一定不能超过脚尖（这会引起膝盖疼痛）。接下来，只靠腿部发力缓慢地站起来，脚跟要一直在地上。

开始时可以面向墙练习，脚尖离墙4～6英寸（10.16～15.24厘米），这样你的膝盖就不会太过靠前，这对纠正姿势很有帮助。

变式：如果做完全的深蹲有困难，那就量力而为，只下蹲到你能到达的最低点，等你的力量足够大、柔韧性足够好后再做完全的深蹲。

如果需要的话，你可以用手扶住一个与腰等高的物体以维持稳定。这样的话，你在站起来的过程中也能借点儿力。

如果你让双脚互相靠近或者让脚尖指向外侧（也可以在双脚靠近的同时让脚尖指向外侧），你的大腿内侧会得到更多锻炼；而如果你的双脚距离大于肩宽或者脚尖指向前方或身体内侧（也可以在双脚彼此远离的同时让脚尖指向前方或身体内侧），你的大腿外侧会得到更多锻炼。

准备升级吗？背上书包做，你甚至可以让你的健身伙伴、女友、妻子或孩子坐在你的肩上，然后再做这个练习。

隐形椅（1）

股四头肌、腘绳肌、臀部

背靠墙站立。

将双脚前移，远离墙壁；背部和髋部始终靠在墙上。

弯曲双腿，放低身体，直到你的大腿和地面平行；此时，你的膝盖应该在脚的正上方，膝关节处弯曲90°。

尽可能久地保持这个姿势。

准备升级吗？试着手里拿着重物做这个练习。

靠墙深蹲（1）

股四头肌、腘绳肌、臀部

穿上T恤衫，背靠着光滑的墙或门站立，双脚前移一步；背部和髋部始终靠在墙上。然后，弯曲双腿，放低身体，直到你的大腿和地面平行；此时，膝盖应该在脚的正上方，膝关节处弯曲90°。接下来，脚原地不动，腿部发力，双腿伸直，把自己推起来，在此过程中，背部和髋部始终靠在墙上。

握踝深蹲（2）

腘绳肌、股四头肌

我在部队里的伞兵课程中最喜欢用这个练习来纠正士兵的糟糕表现。觉得这个练习很无聊吗？做30个你就会知道它的厉害了。

站立，双腿并拢，弯腰，用手抓住你的脚踝。在保证舒适的前提下，尽可能地将腿伸直，然后屈膝下蹲，直到你的臀部接触到握着脚踝的手；接着，抬起臀部，在保证舒适的前提下尽可能地把腿伸直，在此过程中，手始终握着脚踝。

相扑深蹲（1）

腘绳肌、股四头肌、臀部

站立，双脚距离大于肩宽，脚尖指向外侧；背部保持挺直，向前伸出双臂，同时弯曲双腿，放低身体，直到你的大腿和地面平行。

接着，站起来，回到起始姿势，在动作最高点用力收缩你的臀部肌肉，坚持几秒。

变式：试着踮着脚尖做。

高阶相扑深蹲（2～4）

腘绳肌、股四头肌、臀部

该动作分六步。

站立，双脚与肩同宽，双手拿着一个重物，将其置于腰部正前方，肘关节处弯曲90°。拿什么东西都可以——装有东西的袋子、一个或两个水壶、厚电话簿、盒子……

1.
做相扑深蹲。

2.
在动作的最低点向前伸直双臂。

3.
踮起脚尖。

4.
放下脚跟。

5.
收回双臂。

6.
站起来回到起始姿势，在动作的最高点用力收缩臀部肌肉。

动感深蹲（3）

腘绳肌、股四头肌、臀部、下背部

从相扑深蹲完全蹲下时的姿势开始，手臂向下伸，手指指尖与双腿之间的地面接触；向上跳，伸直双腿，身体离地后并拢双脚；以正常站立的姿势轻轻地落地，顺势弯曲双腿，双腿分开，回到相扑深蹲的姿势，手臂再次向下伸，手指触摸双腿间的地面。在整个动作过程中，背部都要尽可能地挺直。

准备升级吗？跳跃加转体。起始姿势相同，跳起，在空中旋转180°，落地时面向与开始时相反的方向。然后，立即开始下一次反复，这次跳起后向相反的方向转身。每组20～30次，做若干组。

囚徒起立（3）

腿部、核心区

站立，双手放在脑后（像囚徒一样）；右腿后撤一步，成后弓步，接着让右膝着地。让你的右脚向左脚的方向移动，直到你可以坐下（坐下时，你的双腿都在身前）；然后，身体后仰，躺在地上。接下来，把动作反过来做一遍：双手仍然放在脑后，起身回到后弓步姿势，然后再站起来，双脚并拢。随后，换另一条腿后撤一步，开始下一次反复。就这样，两条腿交替后撤做这个练习。

准备升级吗？单手举重物（书包、水壶……）做这个练习，举着重物的手臂要保持锁定。在整个动作过程中，眼睛要一直看着那个重物。如果你是用左手举着重物，就将右腿后撤一步。动作要领和囚徒起立一样，在躺下和起身时你可以用没有拿东西的那只手协助自己。左手举着重物做完一整组之后，换另一只手举重物，做下一组。

弓步（1～4）

股四头肌、臀部、腘绳肌、髋部屈肌

站立，双脚并拢，脚尖指向正前方；左腿向前迈一大步，双腿弯曲，髋部放低，直到你的右膝几乎接触地面。此时，两条腿的膝关节处应当都成90°，左膝应该在左脚的正上方，不能超出脚尖。

接着，左腿发力，让自己站起来，回到起始位置，不要锁定膝关节。在整个动作过程中，你始终都要挺胸抬头。

另一条腿向前迈，重复这个动作。

变式：要想简单一点儿，你可以双腿一前一后站立，就像走一字步那样；如果站不稳，你可以轻轻地扶着椅子等东西，帮自己保持平衡。接着，让体重均匀地落在两只脚上，缓慢地弯曲双腿，放低髋部，直到两条腿的膝关节处都成90°，后面那条腿的膝盖几乎接触地面。再强调一遍，不要让前面那条腿的膝盖超过你的脚尖。收紧臀部，在前面的那条腿开始发力，把自己推回到起始姿势，不要锁定膝关节。

还有一种简单做法：前脚踩在你身前的台阶或矮桌上，做这个练习。接着，逐渐降低前脚的高度，直到你可以在平地上做。

如果你健身的地方足够宽敞，你甚至可以“弓步走”。像前面描述的那样迈出左脚做弓步，但在这之后不是收回左脚回到起始姿势，而是右脚向前迈到左脚那里，接着再迈出右脚继续做弓步。就这样左右腿交替“弓步走”，直到再也走不动。

后弓步

做这个动作时，你需要向后迈步，而不是向前。你仍然要弯曲双腿，放低髋部，直到后面那条腿的膝盖几乎接触地面，然后再靠前腿发力，把自己推起；接下来，后腿向前一步，双脚再次并拢。

准备升级吗？拿着水壶、沙袋或其他你能抓在手里的东西做这个练习，你可以将它们提在手中，手臂在身体两侧自然下垂，或者在书包中装满重物，然后背上书包做这个练习。即便只是一点点负重也会使你难以保持平衡，还能给肌肉更多刺激。你还可以做“举重弓步”：把书包之类的重物举过头顶，手臂伸直，肘部锁定，然后做弓步。

侧弓步（2~4）

股四头肌、臀部、髋部屈肌、腘绳肌

笔直站立，双脚微分，双手垂于大腿前方；左腿向左侧迈出一大步，左脚脚尖稍稍指向外侧，左脚着地时，身体重心左移。

上身挺直，腹部绷紧，垂直向下放低髋部，直到你的左大腿与地面平行。在这一过程中，你始终要挺胸抬头，而且你的右腿应该始终是伸直的，上半身应该只是略微前倾，臀部向后挺，你的左膝应该一点儿都不前移，左小腿始终与地面垂直。接下来，左腿从脚跟处开始发力，把自己推起，回到起始姿势。

你应该能不失去平衡地完成练习。如果你会失去平衡，那你可以缩短双腿间的距离。完成足够的反复次数之后，换右腿弯曲。这是为数不多的侧向运动，也是增强做单腿深蹲所需的力量的好方法。

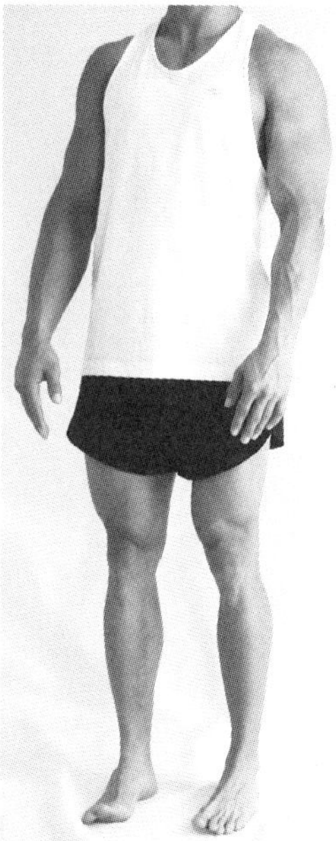

变式：你还可以在双脚侧向分开之后就固定不动地做侧弓步，即脚不回到起始位置，如中间那张照片所示，直接向另一侧下蹲；就这样，按照上面描述的动作要领来做，直到两条腿都做到力竭，这就算完成了一组动作。

准备升级吗？在动作的最低点坚持2秒，收紧肌肉。你也可以背上装满书本、水瓶或石头的书包做这个练习，这样会困难得多。

弓步跳（3）

锻炼股四头肌、臀部、髋部屈肌、腘绳肌，增强平衡性

从标准弓步的最低位置开始，此时你的左脚应当稳稳地踩在地面上，左膝应该在左脚正上方，膝关节处弯曲90°，右腿则应该在你身后，膝关节处也弯曲90°，右膝距离地面几英寸（1英寸=2.54厘米）。在整个动作过程中，你都要挺胸抬头，摆正肩膀。

从这个姿势开始，主要靠在身前的腿发力，向上跃起，你要跳得足够高，使你的双腿可以在空中交换位置；落地后，左腿在后右腿在前，双腿的膝关节处都弯曲90°（当然，你不会直接以这个姿势落地，但你要在双脚着地之后很快地做出这个姿势）。反复做，直到你跳不起来为止。

刚开始做弓步跳时，你会觉得很难保持平衡，不过这正是这个动作的难点所在。通过做这个动作，你的稳定肌会很快地变强健。

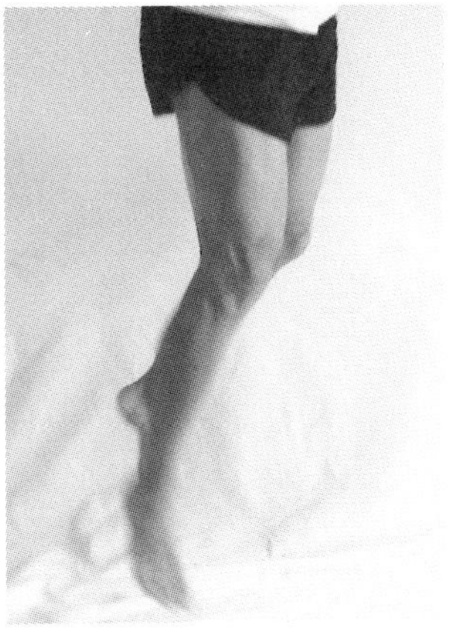

变式：你可以试着在整个动作过程中一直踮着脚尖，这样不仅能锻炼你的小腿，还能使你的腿部力量和身体的平衡性都更上一层楼。

深蹲跳（1）

股四头肌、臀部、髋部屈肌、腘绳肌、小腿

和接下来的练习——大字跳——类似，不过要比它简单一些：深蹲到底，双手放在地上，然后尽可能高地向上跳，同时双手向上举过头顶。尽可能轻地落地，然后再次跳起，如此反复。

大字跳（2）

股四头肌、臀部、髋部屈肌、腘绳肌、小腿

在特种部队的选拔课上，我会让新兵们大量做这个练习，就像大把发糖果一样。

从相扑深蹲的最低位置开始，此时双脚距离大于肩宽，双脚稳稳地踩在地面上，脚尖指向身体外侧，臀部距离地面几英寸（1英寸=2.54厘米），背部挺直，肩膀摆正，抬头向前看，双手放在双脚间的地上。然后，猛地向上跃起，尽可能地伸展四肢；落地时双手扶地，回到起始姿势。

落地的时候一定不要让整个脚掌同时着地，更不要让脚跟先着地。你应该在脚跟接触地面的一刹那之前，先用脚趾点地，以缓冲下落的冲击力，同时弯曲双腿，回到起始姿势。

变式：在整个动作过程中，脚跟始终不要着地，这能更进一步地锻炼你的小腿，提高你的平衡能力。

侧跳（2~4）

股四头肌、腘绳肌、臀部、髋部屈肌、小腿

增强爆发力和力量的绝佳练习。动作很简单，就是来来回回地侧向跳过某个物体。动作刚开始时，你要跳过的这个物体在你身体的一侧；而在你跳之后，它应该在你身体的另一侧。你的双脚距离要小于肩宽，脚尖要指向正前方或者略微向外，尽量每次落在同样的位置上。

准备升级吗？单腿跳。一直跳，直到你很费力才能跳过那个物体，然后再换另一条腿单腿跳，等那条腿也快没有力气时双腿一起跳。最安全的办法是在地上放一个枕头或者摆一双鞋子或袜子，让两只鞋或袜子相距1英尺（30.48厘米），然后从它们的一侧跳到另一侧。如果你用的是像盒子那样较高的东西，你很可能在最后几次反复时因为跳得不够高而被绊倒。

增强髋部爆发力的动作（1～4）

股四头肌、腘绳肌、臀部、髋部屈肌、下背部和小腿

自身体重训练系统往往在增强爆发力方面有所不足，所以我在这里列出了一些非常好的爆发力练习。这些练习能发展你的“快肌纤维”（其体积是慢肌纤维的4倍）。

跳箱子

找一个可以跳上去的物体，如一级楼梯、结实的箱子、桌子或其他平台。站立，双脚与肩同宽，浅蹲或者半蹲，然后迅速且有力地跳上那个物体。尽可能地将腿抬高，从而使脚落在物体上时尽可能落得平稳。以交替后弓步的动作从那个物体上下来，回到起始姿势。在楼梯上做这个练习时，随着你力量的增大，每次增加一级台阶，这有助于你很好地了解自己的水平。显而易见，物体越高，难度越大。你并不是只需要跳得和那个物体一样高就好，你应当总是努力跳到最高，即使你跳的高度已经超出你要跳上去的物体高度。

准备升级吗？试着一次只用一条腿来跳！这样不仅能增强力量，还能增强身体平衡性和协调性，简直棒极了！

深蹲跳箱子

站立，双脚与肩同宽；然后下蹲，直到你的臀部碰到脚跟，脚跟始终不能离开地面。起身时不要太快，接着逐渐加快速度，直到你完全跳起来，然后下落；在动作过程中，双臂始终交叉放在胸前。你应当总是努力跳得尽可能地高，即使已经超出你选用的物体的高度。

半蹲跳箱子

和深蹲跳一样，不过在开始时大腿和地面基本平行。相比深蹲跳箱子，在这个练习开始时，你需要用更大的力。

浅蹲跳箱子

从站姿开始下蹲，直到大腿与地面成大约45°角，然后跳起来。

纵深跳

跳下一个平台，然后立即跳回去。平台的高度应当为6～24英寸（15.24～60.96厘米）。这个练习的关键在于你的脚接触地面的时间应当非常短。如果平台太高以至于你的脚在地面上需要停留超过0.1秒，那你就需要找一个低一些的平台。每组完成8～12次反复，只要做几组就够了。

这个练习非常适合用于提升你的垂直跳跃能力。纵深跳训练你的身体如何快速有效地反转能量——起跳时的关键技巧之一。这个练习对力量的要求相当高，冲击力也很大，绝对不建议新手做。

单腿深蹲跃起

以跳跃动作结束单腿深蹲，落地时双脚着地。

单腿罗马尼亚硬拉跃起

以跳跃动作结束单腿罗马尼亚硬拉，落地时双脚着地。

举重深蹲（3）

股四头肌、腘绳肌、臀部、髋部屈肌、下背部、竖脊肌和肩部

双手将一个重物（如装满东西的书包）举过头顶，然后做深蹲。在动作的最低点，你的大腿应该和地面平行。做这个练习时，双脚与肩同宽，脚尖指向外侧，但不超过30°，脚跟不离开地面，膝盖应该指向你脚尖的方向。

相比于其他动作，这个动作需要更多练习才能做好，因为你需要有很好的平衡性和柔韧性才能在蹲下的同时举着重物。为增强身体的稳定性，在整个动作过程中，你都要尽可能高地耸肩，肘部锁定，就像你在试着将手中的东西拉断一样。如果不能掌握动作要领，你可以在开始时以较大的握距握住扫帚把或毛巾——将其拉紧，做这个练习。随着你的柔韧性不断增强以及对动作的熟练程度不断提高，逐渐缩短握距，直到你可以在下蹲时举着一个装满东西的书包之类的重物。举重深蹲有助于培养良好的深蹲技巧，增强肩部柔韧性，加大肩胛带的力量。

深蹲举（1～4）

股四头肌、腘绳肌、臀部、下背部、髋部屈肌、竖脊肌、肩部和肱三头肌

双手将一个重物（如装满东西的书包）举在胸前。放低身体下蹲，臀部降得尽可能低。记住：不要让膝盖超过脚尖。

站起来，并将手中的重物举过头顶。你应该一气呵成地完成整个动作。

在把手中的物体从头顶放下的同时，回到深蹲的姿势，这次整个动作仍然要一气呵成。

准备升级吗？试着在动作的最高点跳到空中，落地时前脚掌先着地，确保自己“软着陆”，然后回到深蹲姿势。

保加利亚劈腿深蹲（2～4）

股四头肌、腘绳肌和臀部

这个练习和弓步有点像，不过二者有一个重要区别：在身后的那条腿要搭在位于你身后约2英尺（60.96厘米）的椅子或床上。如果感觉不舒服，你也可以在椅子上放一个枕头，把脚放在枕头上。什么也不要扶，锻炼你的平衡能力。这是一个使你的双腿都能得到锻炼的好练习，不过在站起来的时候应当主要靠地上的那条腿发力。这个练习可以为单腿深蹲打基础。

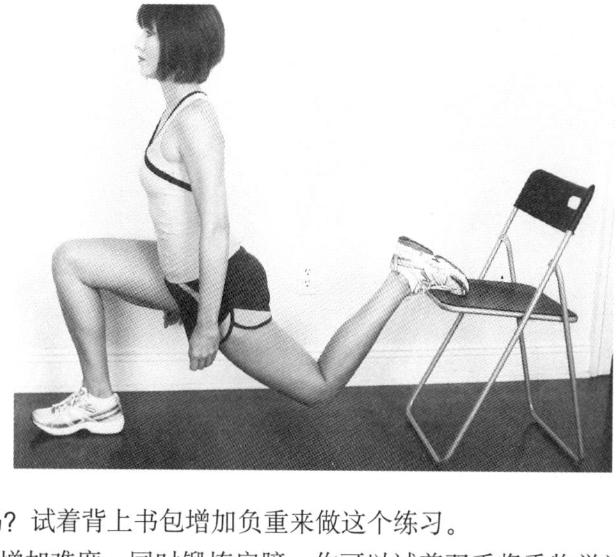

准备升级吗？试着背上书包增加负重来做这个练习。

如果想继续增加难度，同时锻炼肩膀，你可以试着双手将重物举过头顶，保持双臂锁定，或者在动作的最低点将重物从胸前开始上举，举过头顶后再放回胸前。掌握了这些之后，你就可以去做……

单腿深蹲（4）

股四头肌、腘绳肌、臀部、下背部、髋部屈肌

这可能是世界上所有锻炼腿部和臀部肌肉的练习中最好的一个。它能增强各项身体素质：肌肉力量、协调性、平衡性、肌肉耐力……凡是你能想到的。而且，只要发挥一点点创造力，你就会发现它有无穷无尽的变式。

挺胸抬头，抬起左腿，只靠右腿站立，左手轻轻扶着一个与腰等高的物体（如椅子），帮自己保持平衡。

缓慢地下蹲，弯曲髋部和右膝，直到你的右大腿和地面平行，上身前倾，肩膀超过膝盖。在动作过程中，左脚应该始终在空中，右膝不能超过右脚脚尖，背部始终挺直。

只靠右腿发力站起来。注意：你的手扶着其他物体只是为了帮助你保持平衡，而不是为了帮你站起来；另外，在动作的最高点不要锁定膝盖。

做到力竭之后，换左腿站立，做这个练习。

变式： 要想简单一点儿，找一个东西（如矮咖啡桌或椅子，东西越高越容易），缓慢地单腿下蹲，坐在这个东西上，然后再靠腿发力，站起来。随着你的力量不断增大，逐渐降低坐着的东西的高度，直到你能深蹲到底再迅猛地单腿站起。到那时，单腿深蹲对你来说已然是小菜一碟。

你还可以在做单腿深蹲时让抬起的那条腿向你的身后弯曲，然后下蹲，直到这条腿轻触地面。做这个动作时，你需要尽力让上半身前倾，并向前伸直双臂，帮自己保持平衡。

准备升级吗？ 把椅子拿走！什么都不扶，只伸出双臂以保持平衡。我不关心你在健身房里的深蹲架上能用多大的重量，这个练习会让你的腿部和臀部力量得到前所未有的增强，同时还会极大地提升你的平衡能力。

真的准备升级吗？ 试试“手枪深蹲”吧。下蹲，直到臀部接触到踩在地面的那只脚的脚跟。注意：你要缓慢而有控制地下蹲，然后快速而有力地站起来。

如果你的脚踝和髋部屈肌的柔韧度不够，那就在你的脚跟下垫一个和拖鞋差不多厚的物体。

如果还想增加难度，那就双手拿着重物，将其举到胸前来做这个练习，如水壶、装有石头的书包——只要发挥想象力，这个神奇的练习就能让你越来越强，永无止境。

手枪深蹲的另一种很好的做法是站在非常稳定的桌子、厨房操作台台面或者其他与腰等高并且能承受你的体重的平台上，然后下蹲，这尤其适合柔韧性不够好，不能一直向前抬起一条腿的人。具体方法是：单腿站在平台上，平台的边沿在你的双腿之间——一只脚踩在平台上，接近边缘，另一条腿悬空。在你做深蹲的过程中，悬空的那条腿自然下垂。你要一直下蹲到你的臀部接触到平台。相比于标准的手枪深蹲，这个练习的动作幅度更大，是绝佳的力量练习。

你可以像拉伸大腿一样抓住一条腿做单腿深蹲，这会进一步增大难度，还能提升你的平衡能力。具体做法是：一条腿的小腿向后抬起，直至脚位于臀部正后方，用手抓住脚背，使这条腿的膝盖直指地面。现在，单腿缓慢下蹲，直到抬起的那条腿的膝盖轻触地面（如果你不是在地毯上做，那就在膝盖下方放一个枕头或一块毛巾）。

增强大腿力量的另一个好方法是在站起的过程中停顿两次：第一次是在你的大腿即将到达与地面平行的位置时，这次停顿5秒；第二次是在你的大腿刚经过和地面平行的位置时，这次还是停顿5秒。然后，不加停顿地站起来。这两个位置是力量黏滞点，在这儿多下一些工夫会使你的腿部力量更上一层楼。试着在胸前举一个重物，每条腿只完成一次反复。

还有一个好办法能让你更进一步，那就是以跳跃动作结束单腿深蹲。下蹲和跃起动作应当一气呵成，落地时抬起的那条腿着地，接着这条腿踩在地上，继续做深蹲，然后再跃起。如果你能做到的话，试着跳到一个东西上，如电话簿上。

柔式深蹲（西斯深蹲）（3～4）

大腿、腘绳肌和臀部

不要被它的名字迷惑。相信我，这个练习跟轻柔曼妙没有一丁点儿关系！

站立，双脚与肩同宽，单手抓住一个物体以保持平衡，手的位置与腰等高。只弯曲双腿，放低身体，上身后仰，直到你的臀部接触到脚跟，这时应当是脚尖在支撑着你的身体。注意：你的背部和大腿在整个动作过程中始终成一条直线，髋部一点儿都不弯曲。然后，靠臀部到小腿的每一块肌肉发力，重新站起来，回到起始姿势。注意：背部和大腿始终要成一条直线。

这个练习和腿屈伸非常相似，但是它锻炼的肌肉更多。

准备升级吗？你可以用空着的那只手拿一个重物举在胸前，或者背上装满东西的书包。

真的准备升级吗？试着单腿做！为了帮助自己保持平衡，你需要在身体两侧放两个与腰等高的物体，并用双手轻轻抓着这两个物体（如椅子）。然后，向前抬起一条腿并伸直，只要离开地面一点儿就行。

提踵（1~4）

小腿

单腿站在楼梯或者其他稳固的平台上——咖啡桌、浴缸边缘、梯子的最低一级，甚至比较厚的书都可以，你的前脚掌踩在上面而脚跟悬于空中；一只手轻轻地扶着墙壁或者栏杆，帮自己保持平衡。

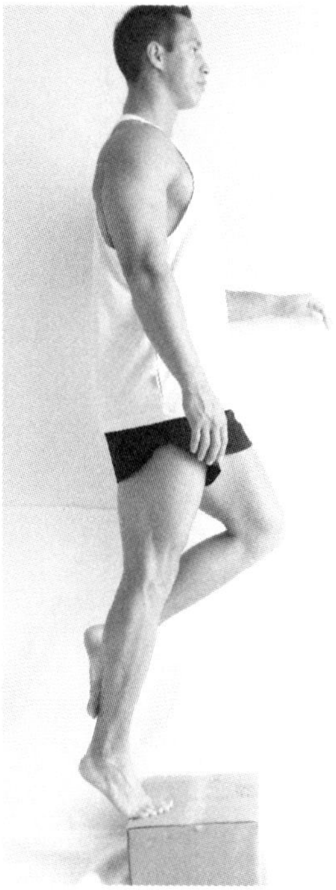

在整个动作过程中，膝关节处始终要微微弯曲，尽可能低地放低脚后跟，直到小腿无法再拉伸，在这个位置保持1秒，然后尽可能高地踮脚，在最高点也保持1秒。

当你已经无法完成完全动作幅度的反复时，快速地做10次小幅度的反复，然后换另一条腿，继续练习。

做这个练习时脚尖稍微向外可以着重锻炼小腿内侧，而让脚尖稍微向内则可以着重锻炼小腿外侧。

如果你想塑造你的小腿上部（腓肠肌）的形状——适合于想要有型的小腿但又不希望脚踝太粗的女士，就专注于动作的上半段（从脚后跟与脚尖齐平的位置开始，尽可能地向上提起你的身体）。如果你想集中锻炼你的小腿下部（比目鱼肌）——这会使你的小腿整体变粗壮（因为比目鱼肌从小腿上部开始，一直向下延伸到脚踝），那就做动作的下半段（从动作最低点开始，尽可能高地踮脚）。

变式：如果在刚开始时单腿做这个练习有困难，那就两只脚一起做。

Hooya!

想好好锻炼小腿下部吗？

找一个楼梯，从第一级台阶开始，每只脚各做一组；然后上一级台阶，每只脚再做一组；然后再上一级台阶。中间不休息。如果你连续上10级台阶，那你这周就不用再锻炼小腿了。第二天，你就能感觉到你的小腿开始“暴涨”成形。

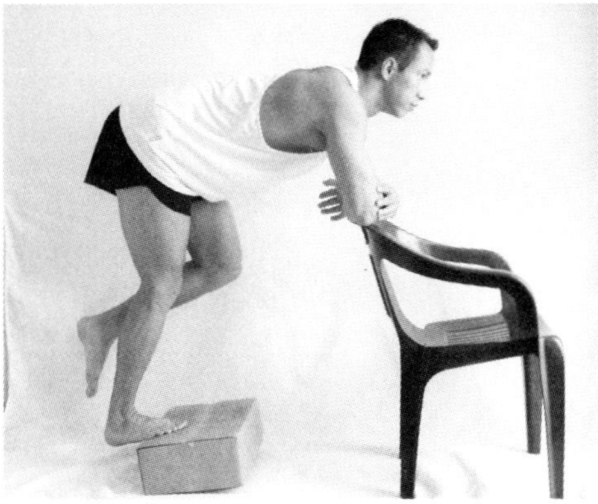

你还可以做俯身提踵。当你的肌肉已经习惯于常规的提踵而进步缓慢时，你可以做俯身提踵，变换下花样。动作步骤和提踵一样，只不过在动作过程中，你的髋部要弯曲约90°，双臂轻轻撑在一个东西（如椅子、栏杆、高几级的台阶）上以保持平衡。

变式：在动作过程中，膝关节处始终保持弯曲，这能让你的小腿下部变得更强。膝关节处应尽可能地弯曲——通常你的大腿和小腿的夹角应只略小于90°——臀部向后，肩膀向前，双手轻轻扶着一个东西（如高几级的台阶）以保持平衡。你要确保膝关节处的角度完全不变——你不是在练大腿。

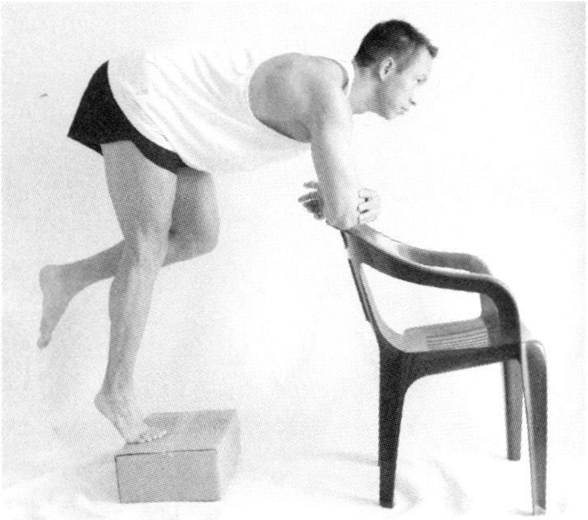

准备升级吗？背上装满书本、沙子或石头的书包做这个练习，你甚至可以让一个人骑坐在你的髋上——如果你做的是俯身提踵。我有一个总是装着石头的旧书包和一个总是盛满水的、把手很牢固的5加仑水桶，我会背上书包，再提起水桶，这不仅能给我的小腿加足分量，也能让我的前臂、肩部以及斜方肌得到锻炼。通常情况下，我会从左腿开始，背上书包、提起水桶做一组常规提踵；然后，我会放下水桶，俯身屈膝，做10个俯身提踵来锻炼我的小腿下部；最后，我会站起来，空手再完成10个常规提踵。接下来，拿起水桶，换右脚再来一遍。做完这些之后就可以上一个台阶了！我会一直上到第七级台阶，小腿训练到此就圆满结束了。

Hooya!

另外一个锻炼小腿的好办法是做4次5分钟密集训练（Tabata）。我背上书包，从左腿开始，先做20秒屈膝俯身提踵，休息10秒后继续；5分钟后，换右腿做同样的练习。然后，再回到左腿（仍然背着书包），站直身体做提踵以锻炼小腿上部，还是做5分钟密集训练（20秒锻炼，10秒休息），之后再换右脚做。这样，只用20分钟，两条腿就各锻炼了20组！

悬崖独立（4）

小腿

这个练习是关于身体平衡性的。首先，单腿站在楼梯或者别的稳固的平台边缘，只有前脚掌踩在上面，就像做标准的单腿提踵时那样，不过这个练习的关键在于你什么都不能扶。站稳了，尽力保持平衡，看你能坚持多久！你会感觉小腿上的每一根肌纤维都燃烧起来，而且你越试图保持平衡，燃烧感就越强烈。当然，安全第一，你要保证在失去平衡时有东西可以扶（如墙壁）。你要记下自己能坚持的时间。当我能坚持5分钟时，我就背上重约55磅（约24.95千克）的书包做，现在我每条腿都能坚持负重做3分钟。将这个练习作为小腿训练的收尾练习也非常好。

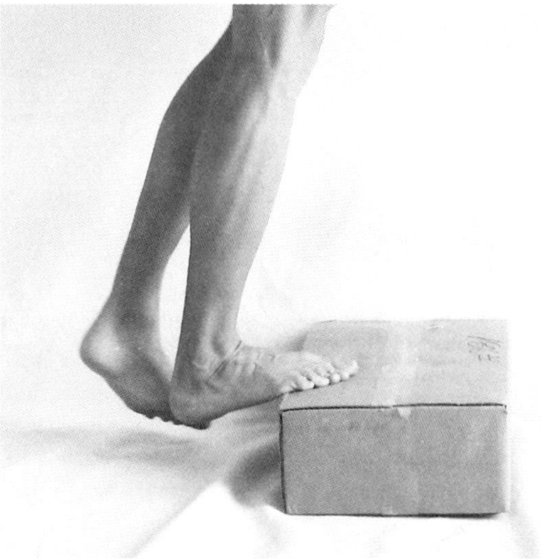

弹簧跳（2）

小腿

双腿保持几乎伸直的状态，但膝关节不要锁定，尽可能高、尽可能快地连续跳，脚不要着地。对高水平的运动员来说，这个练习是很好的热身运动；而对新手来说，它是增强小腿爆发力的绝佳练习。

单足蹦（3）

小腿

单腿站立，膝关节处略微弯曲。只活动脚踝，迅速有力地跃起。快速不停地跳，直到你跳不起来，然后换另一条腿接着跳。注意：你应该只靠前脚掌发力，让自己跳起来，一点儿都不要弯曲或伸直膝关节。

反向提踵（1～4）

小腿正面

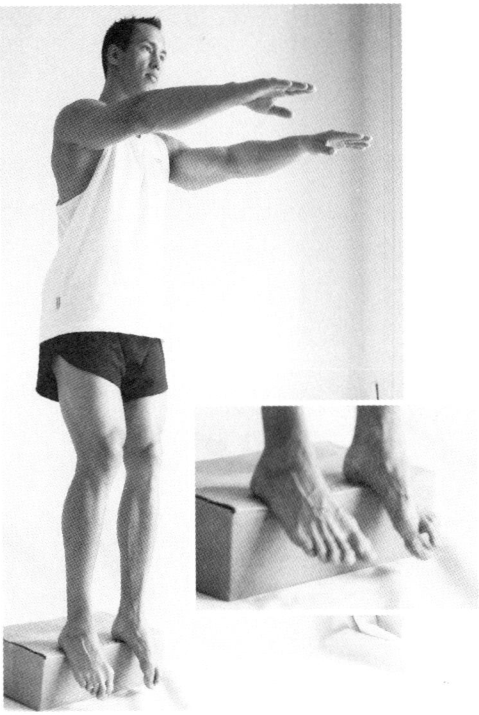

小腿正面的肌肉群可能是最不受重视的，但它们在维持身体平衡和让小腿饱满这两方面都有重要意义。

双脚微分，站在楼梯或其他平台的边缘上（如大部头的书、咖啡桌或结实的箱子），只有脚跟与你脚下的物体接触，脚心和前脚掌都悬于空中，轻轻地扶着墙或栏杆以保持平衡。双腿略微弯曲，尽可能低地放低脚趾，然后再尽可能高地将它们提起。你的重量应当完全落在你的脚跟上；除了脚之外，其他部位都要保持不动。一直反复做，直到你不能再完成一次完整的反复。

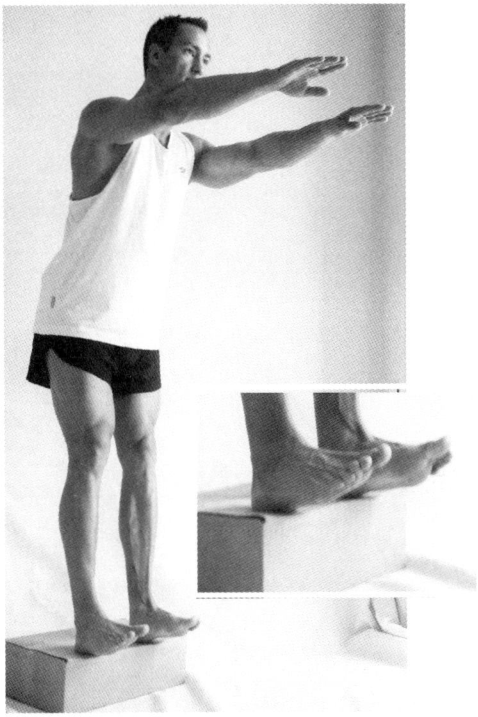

由于动作幅度有限（所有的小腿练习都是如此），为了达到最佳锻炼效果，你应该在不能再完成一次完整的反复之后，再用30秒尽可能多地完成几次小幅度反复。

准备升级吗？伸出双手，帮助自己保持平衡，但什么都不要扶，这会大大增强这个练习的效果。

当你可以什么都不扶地完成30次练习时，就可以开始试着只用一条腿来做这个练习了（你需要轻轻地扶着某个东西），等两条腿的小腿力量都用尽时，再什么都不扶地双腿一起做。

15
核心区练习

核心区就是你整个身体的中心，它对我们的动作姿势、运动机能和身材的重要性再怎么高估都不为过。90%的背部疼痛都可以通过锻炼核心区肌肉来消除。除了让疼痛成为历史之外，强壮的核心区还能让你在沙滩上看起来很有型，让将来的你能带着孙子到处跑——而不是坐在轮椅里，让他们推着你到处走。接下来这一部分涵盖了核心区练习的方方面面，从最有效的练习——如卷腹、“超人”、仰卧分腿和俄式转体，到“折刀”和“升旗”这样的高阶练习，再到加强颈部的练习。

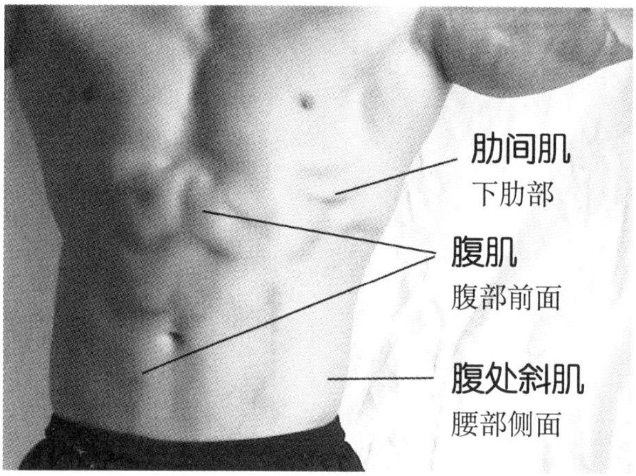

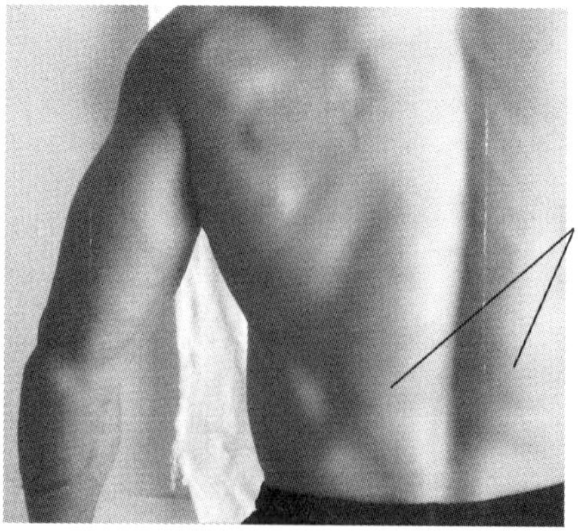

站姿提膝（1）

腹肌

笔直站立，双腿微分；然后尽可能高地提起左膝，保持这个姿势3秒。像这样保持平衡有助于锻炼你没有抬起的那条腿上的所有肌肉。接下来，缓慢地放下你的左腿，然后再用同样的方式尽可能高地提起右膝。

沙滩剪刀腿（1～3）

髋部屈肌、腹外斜肌

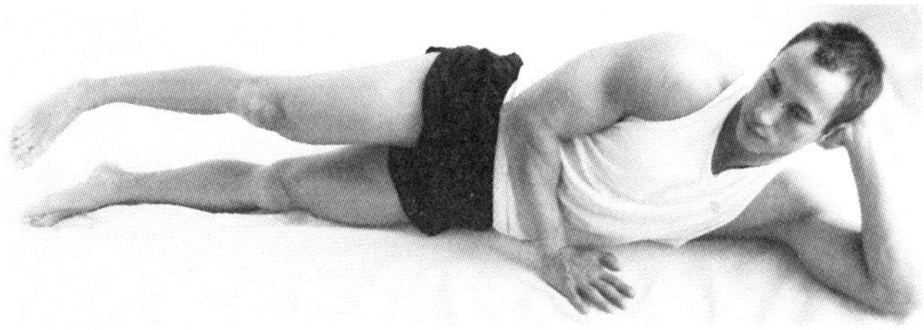

侧躺，用贴近地面的那只胳臂将头支起，尽可能高地抬起在上面的那条腿，抬起的那条腿要保持笔直。在动作的最高点坚持3秒，再把腿放下，然后再抬起。做完一组后，翻身换另一侧的腿做。

准备升级吗？ 用肘部把自己撑起来（如右图所示），做这个练习。你的整个身体（从头到脚）应成一条直线。这比普通的沙滩剪刀腿更好，因为它使你核心区的所有肌肉都得到了锻炼，尤其是腹部两侧的肌肉。

俄式转体（1）

腹肌、肋间肌、腹外斜肌

坐在地上，上身挺直，双臂在胸前交叉，屈膝。抬高双脚，使其悬于空中。上半身向右转，直到左肘接触到右膝，然后再向左转，直到右肘接触到左膝。如此反复，尽可能地扭转上半身，脚始终悬于空中。如果喜欢，你也可以让双脚在空中交叉。

侧卧提髋（3）

锻炼从肩部到脚踝的所有肌肉，尤其是腹外斜肌和肋间肌

侧躺，身体右侧着地，右肘支在右肩正下方的地面上。左脚放在右脚上。现在，将你的骨盆向上抬，使你的整个身体（从头到脚）成一条直线，骨盆朝前，与身体其他部位成一条直线。接着，缓慢地将髋部放低，使其与地面接触。完成10次反复，接下来再转身，换身体另一侧着地，做这个练习。

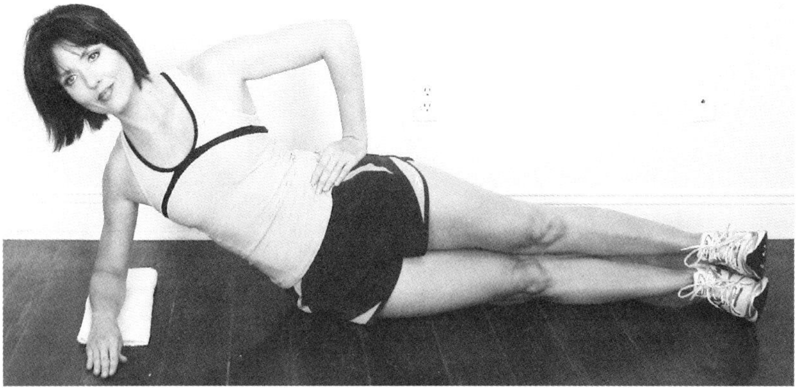

变式：如果这样做有困难，那就别用脚做支点支撑你的身体，而用膝盖支撑。你需要稍微弯曲双腿，让小腿离开地面。

你还可以不用肘部支撑身体，而是伸直手臂，用手来支撑，这样会加大难度。

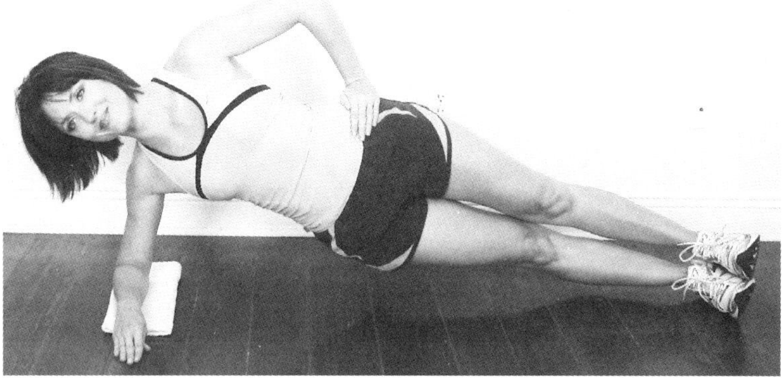

准备升级吗？在动作最高点坚持，看你能坚持多久。试着坚持1分钟，当你能坚持1分钟时，试着抬起在上面的那条腿。还有一个加大难度和真正锻炼腹外斜肌的好方法：在动作的最高点小幅度地上下摆动髋部，直到你坚持不住。

卷腹起坐（1~2）

腹肌，尤其是腹肌上部

这个练习是一些曾经和我一起训练过的海军陆战队士兵的最爱。平躺在地上，屈膝（臀部距离脚越近，动作就越简单），把脚固定在一个物体下（床、沙发、椅子、书架、咖啡桌等），双臂在腹前交叉，双臂要始终压着腹部。接着，向上卷起身体，直到你的肘部接触到大腿根部，然后放下身体，直到肩胛骨再次接触地面。这个练习的动作幅度不大，但它非常有效。

试着做100次反复，不管你得分多少组。随着你的腹肌不断变强，你完成100次反复用的组数会逐渐减少。等你能连续完成100次反复时，你的腹肌就会像石头一样坚硬。

卷腹（1）

腹肌上部

经典练习之一。平躺在地上，双手放在头下，屈膝，直到你的大腿和地面垂直，双脚在空中交叉。

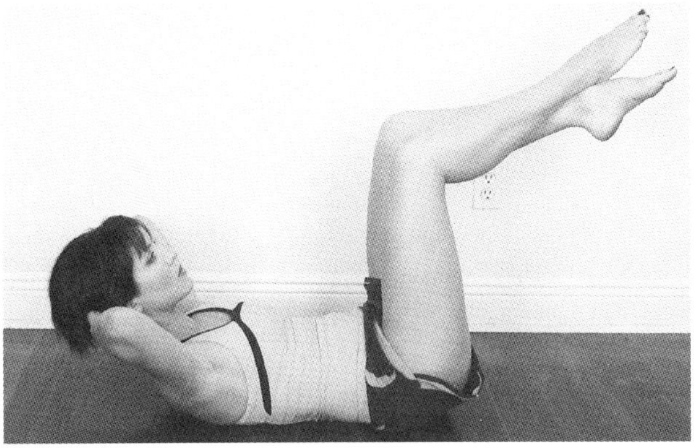

将胸部拉向膝盖方向，下巴和胸部保持一个拳头的距离，以免给颈部以不必要的压力——所有的练习都是这样。在动作的最高点有力地呼气并坚持一会儿，然后把身体放下。你的动作幅度应该很小，可能肩膀离地只有几英寸（1英寸=2.54厘米）。

变式：如果你的肩胛骨一直不着地，这个练习的效果会特别好。

你还可以做转体卷腹——在卷腹的同时扭动你的上半身，让左肘接触一下右膝，再让右肘接触一下左膝，然后把身体放下，接着再开始下一次反复。你也可以在左肘接触右膝之后就放下身体，然后再起身让右肘接触左膝……如此往复，你懂的。

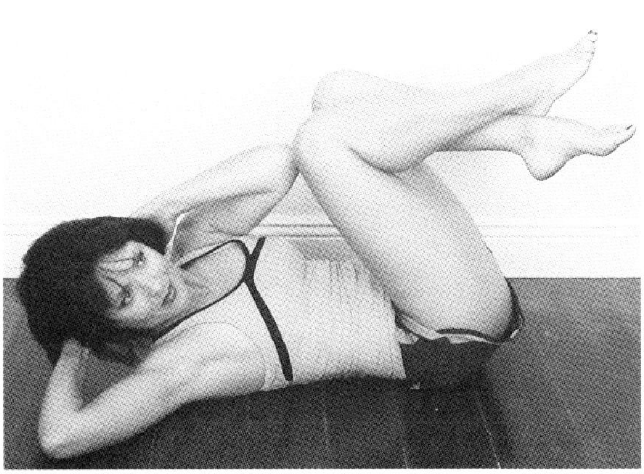

仰卧抬腿（1～2）

腹肌下部、髋部屈肌

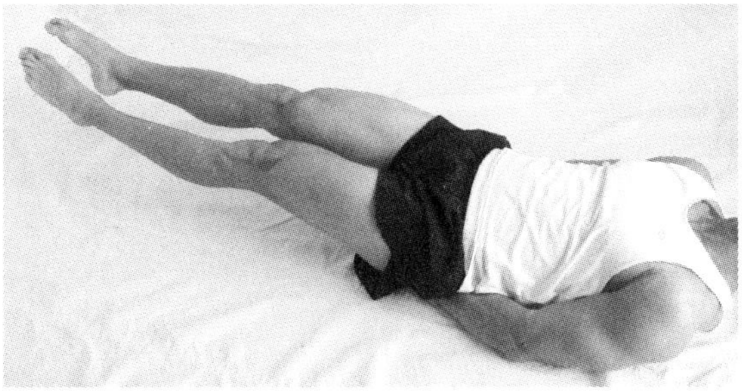

平躺在地上，双手放在臀部下，抬起头（这样会让颈部得到锻炼）。

双腿伸直并拢，双脚距地面约6英寸（15.24厘米），然后进一步抬高双腿，直到双腿和地面之间的角度为45°。腿始终要伸直，膝关节处不要弯曲，然后缓慢地放下双腿，再开始下一次反复。

变式：把腿抬高，使其和地面之间的夹角为45°，以此为起始姿势，接着把腿继续抬高，直到其和地面之间的夹角为90°。

把手放到胸前可以增大难度。

准备升级吗？在动作的最高点坚持2秒。

想增加点趣味吗？双腿伸直，用脚尖在空中写自己的名字，这是我从乌克兰军队那里学来的。

仰卧拍腿（2）

腹肌下部、髋部屈肌

平躺在地上，手放在臀部下，头抬离地面。双腿伸直并拢，抬高双腿，使双脚离地大约6英寸（15.24厘米）。

腿保持伸直，左腿抬高3英尺（91.44厘米），然后放下，回到和右腿相同的高度，即离地大约6英寸（15.24厘米）；接着，右腿抬高。速度可快可慢，但是一定要有控制地进行。

变式：把手放到胸前以增大难度。

仰卧分腿（2）

腹肌下部、髋部屈肌

平躺在地上，双手放在臀部下，头抬离地面（你的颈部会得到锻炼）。双腿伸直并拢，抬高双腿，直至双脚离地大约6英寸（15.24厘米）。分开双腿，双腿间的角度尽可能地大，然后再并拢。

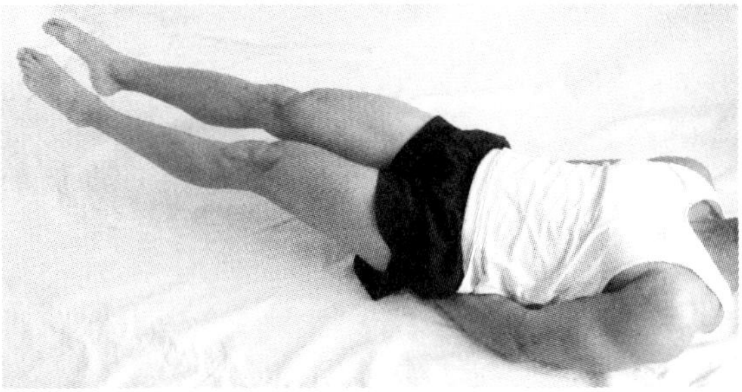

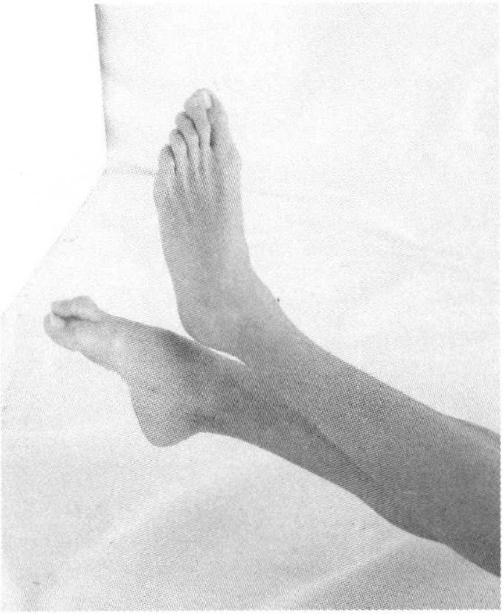

准备升级吗？把手放到胸前以增加难度。

你也可以在每次反复的最后让双脚在空中交叉，而不是仅仅并拢双腿。每次反复时交换两只脚的上下位置。

仰卧单车（2）

全面锻炼腹肌、肋间肌、腹外斜肌的最佳练习之一

平躺在地上，双腿伸直，双手放在头下。抬起一条腿，使其距地面约6英寸（15.24厘米），保持其完全伸直；将另一条腿的膝盖拉向胸前，并用对侧的肘去触碰它。现在，开始“骑单车”，依次将左腿和右腿拉向胸前，并用对侧的肘碰位于胸前的膝盖。注意：在把一条腿的膝盖拉向胸前之前，一定要将那条腿完全伸直。

让这个练习真正有效的关键在于动作要缓慢而有控制。相比于快速地做30个，非常慢地做10个的效果更好。

两头起（2）

腹肌、髋部屈肌

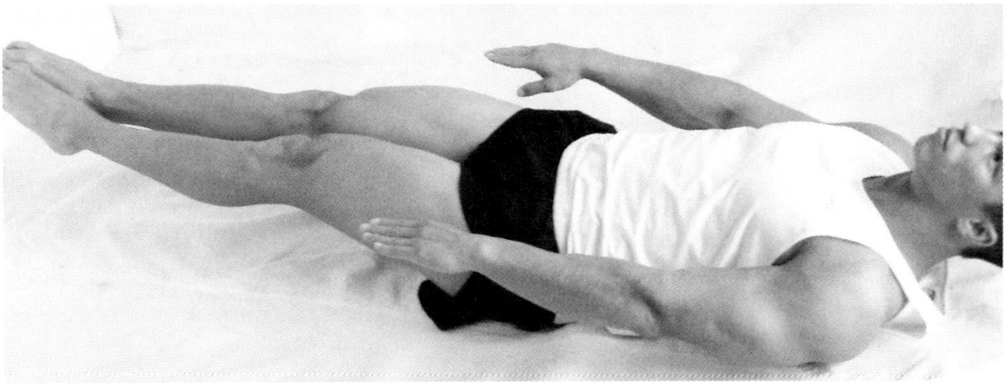

这是最佳的腹肌练习之一。

平躺在地上，双臂放在身体两侧。只让臀部着地，抬起上半身，同时弯曲双腿，让双膝向胸部靠近，直到其几乎接触到胸部。接下来，身体后仰，同时伸直双腿，直到肩膀和双脚离地只有几英寸（1英寸=2.54厘米）。

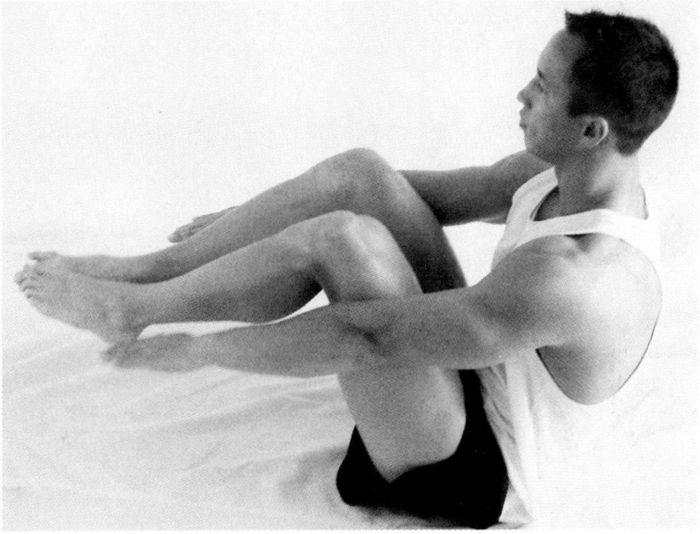

变式：在屈膝时伸直双臂，而在你伸直双腿、上身后仰时将双手收回胸前，双手就像划船一样，这个变式因此被称为“划手”。记住：只能弯曲肘部，上臂必须在身体两侧固定不动。

侧卧两头起（3）

肋间肌、腹外斜肌、腹肌

侧躺，身体右侧着地，右臂向你面前伸出，手掌朝下撑在地面上。左手抱头，左肘向上指向天花板。双腿伸直并拢，只让髋部弯曲，让左腿膝盖贴近你的左肘；此时，你的腿和上半身之间的夹角应该为90°。

缓慢地把腿放下，但不要完全放下，不等你的脚接触到地面就开始下一次反复。

铁十字（3）

腹肌、腹外斜肌、肋间肌

平躺在地上，双腿伸直并拢，向上抬起，直至和上半身之间的夹角为90°。双臂打开，放在地板上，双臂和身体垂直，手掌朝下。

头抬离地面，双腿向身体右侧放下，你的腿和上半身之间的夹角仍然为90°。在你的腿即将接触地面时，就将其抬起，使其竖直向上。接着，再向左侧放下，然后再次把它们抬起，然后再放下。注意：腿始终要伸直。

变式：你可以屈膝，这会让动作变得简单一点儿。

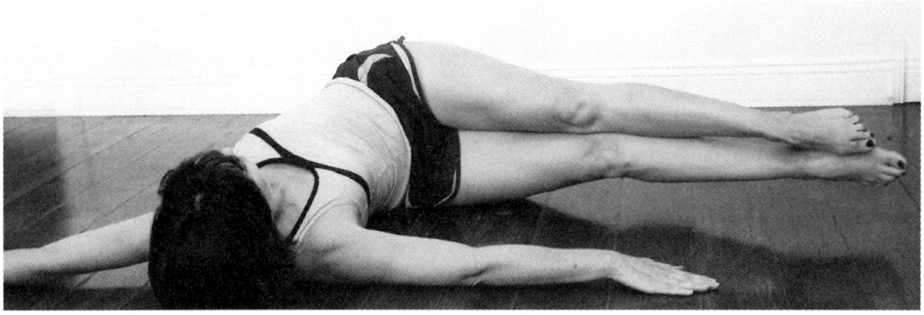

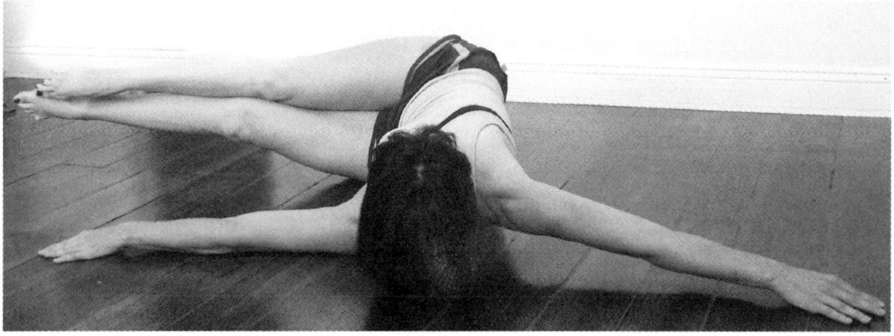

折刀（3）

腹肌、髋部屈肌

这个练习是给那些拥有真正强壮的腹肌、协调性很好的人准备的。

躺在地上，双脚距离地面大约6英寸（15.24厘米），双臂抬起，在脸的正上方伸直。只让臀部着地，同时抬起上半身和双腿，直到双手接触到双脚，然后身体后仰并放下双腿，直到你的肩膀和双脚离地只有几英寸（1英寸=2.54厘米）。

变式：如果感觉难度有点儿大，你可以在动作的最低点让肩膀着地。

悬垂举腿（3~4）

腹肌、髋部屈肌、前臂

找一个可以用手抓着、使你的整个身体悬垂在空中的东西，其高度最好足以使你的脚在身体完全悬空时也接触不到地面。如果找不到或者够不到这样的东西，那就找一个相对低一些的东西（你的脚踩在地上时，腿是弯的）。我用过的东西有门框、门的上沿、引体向上单杆、大树枝、门廊的边缘以及照片中的秋千架。悬垂身体，将膝盖提至胸前，然后把腿放下，注意不要摇晃身体。

变式：轮流把腿抬到身体的两侧会着重锻炼你肋骨之间和肋骨下面的肌肉（肋间肌和腹外斜肌）。

准备升级吗？当你能做好屈腿的悬垂举腿时，你可以试着伸直双腿做。我给精英的建议是，把脚抬到手的高度（或者到你的柔韧性允许的最大幅度），然后再把腿放下，不要摇晃身体。你需要有超常的柔韧性和力量才能在门上做这个动作，如果你使用的东西（如引体向上单杆）允许你的上半身在动作的最高点向后倾斜一些，那么动作会简单一些。

升旗（4）

锻炼腹肌、腹外斜肌，肱三头肌和前臂也能得到一定锻炼

精英之选！

平躺在地上，手抓住离头顶不远的、固定于地面的物体（如果不是固定的，至少也应该是一个很重的东西，如有人坐着的沙发）。抬起整个身体到空中，只有头部和肩膀着地；注意：从肩部到双腿应保持笔直。在动作最高点坚持2秒，然后缓慢而有控制地让身体回到地面。

游泳（2）

臀部、下背部

俯卧在地上，双臂向前伸直；尽可能高地抬高你的右腿和左手，然后缓慢地将它们放下。接着，尽可能高地抬起你的左腿和右手，然后再放下，如此交替进行。

准备升级吗？

在动作的最高点坚持3秒。

超人（俯卧挺身）（3）

臀部、下背部

俯卧在地上，双臂向前伸；双腿和双臂都伸直，将它们尽可能高地抬起，只有你的躯干和骨盆着地。接着，放下四肢，然后再抬起。

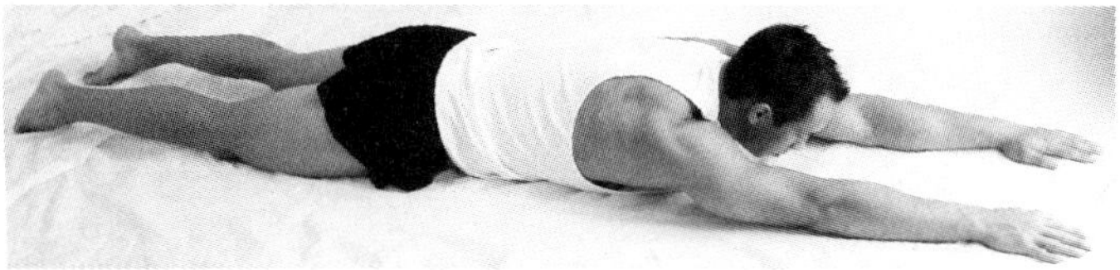

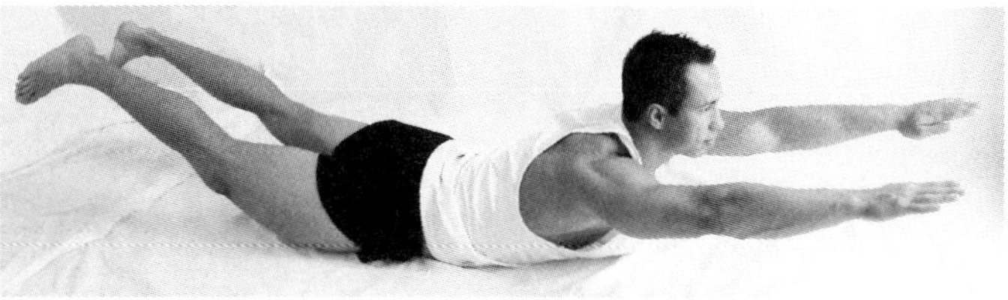

准备升级吗？在动作最高点坚持3秒。

变式：“俯卧挺身”有许多种不同的变式，它们锻炼的肌肉基本一样。你可以把双臂放在身体的两侧或者下巴下，然后同时抬高双臂和双腿，就像“超人”一样。我最喜欢的变式之一是双臂在身体两侧伸直（和身体垂直），我给它取名为“飞翔的耶稣”。

枕式挺身（3）

臀部、下背部、腘绳肌、竖脊肌、后颈

俯卧在地上，脚勾在一个固定的物体上，如沙发下沿，如果实在没有这样的东西，那就把脚掌抵在墙上，靠脚和墙之间的摩擦力来固定你的双腿；把枕头紧紧卷起来，垫在髋部下。双手放在头后，双腿保持不动，尽可能高地抬起上半身。在动作的最高点望向天花板，用力收紧背部肌肉和臀部肌肉。

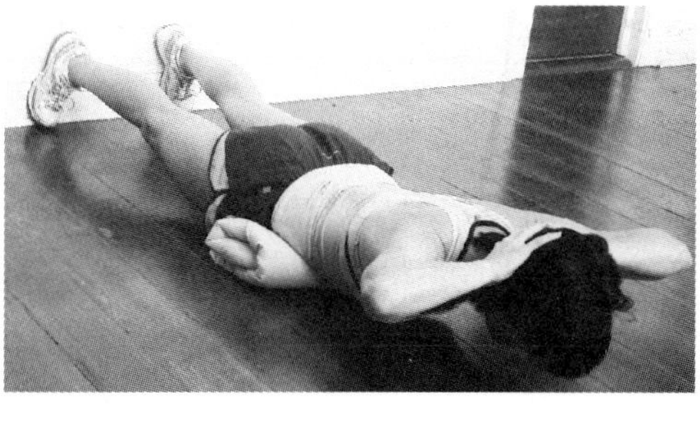

直板（2）

几乎能锻炼肩部到小腿的每一块肌肉，尤其是整个核心区——腹肌、下背部、臀部和髋部屈肌

这个练习简单有效。俯卧在地上，用肘部支撑身体，双肘距离与肩同宽，肘关节处弯曲90°，前臂放在地面上。你可能需要在肘部下垫一个枕头，以保证舒适。尽可能久地保持这个姿势，一两分钟就很好了。注意：骨盆要放低，整个身体（从头到脚跟）成一条直线。休息30秒，然后再继续。

变式：静态俯卧撑。就是定格在俯卧撑的起始姿势，手臂伸直锁定。这个动作不但能锻炼核心区，还能锻炼肩部、肱三头肌以及胸肌。

等你能做到这个之后，换一种做法：将右膝提到胸前，保持3秒，然后伸直右腿，以同样的方式提起左膝。

准备升级吗？让肘关节弯曲90°，做静态俯卧撑。

直板撑（3）

核心区、肱三头肌

从用肘部支撑的直板姿势开始，双手撑地，用力把自己推起，直到双臂伸直、肘部锁定。然后，放低身体，回到起始姿势。

变式：双脚分开做。

准备升级吗？双脚架高做。

对角俯卧撑（1～3）

核心区的所有肌肉、胸肌、肱三头肌和三角肌

从标准俯卧撑的起始姿势开始，抬起一条腿，同时向前伸出对侧的手臂，抬起的腿和手臂都要伸直。头抬起，尽可能地伸展自己的身体。坚持尽可能长的时间，然后换另一条腿和另一只手，开始一次反复。

变式：要想简单一点儿，就从爬着的姿势开始——膝盖和手在地上支撑。注意：始终保持一个膝盖在地上做支撑。

准备升级吗？要让这个动作更有挑战性，就在保持一只手臂以及对侧的腿抬起并完全伸直的情况下，做单臂俯卧撑！

头部运动（1~4）

颈部肌肉

这个练习是缓解颈椎问题的良药，也是预防颈椎疾病的好方法。颈部肌肉在大多数情况下都被完全忽视了。有些人卖力地锻炼，练出了发达的肩膀、胸肌和斜方肌，但从他们的领口伸出的却是像铅笔一样的细脖子——千万不要做那样的人。

平躺在桌子或床上，注意要让头悬在边沿外。让你的头部上下运动，就像在点头一样。

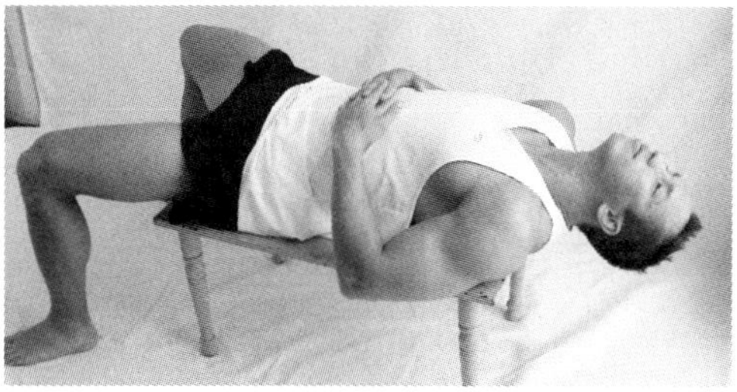

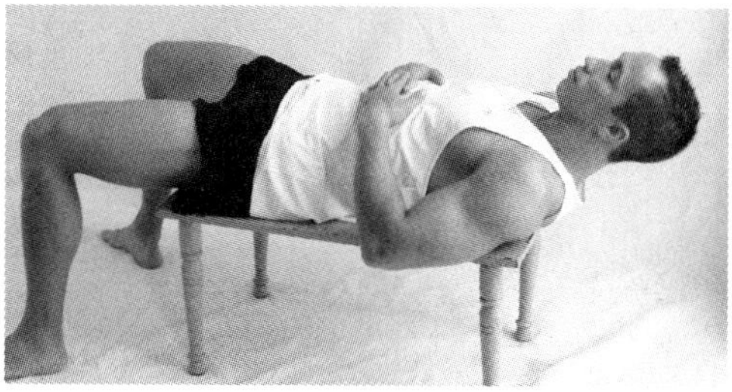

你还可以向一侧歪头，使你的耳朵靠近这一侧的肩膀，然后再向另一侧歪头，到达中间位置时停顿一下。

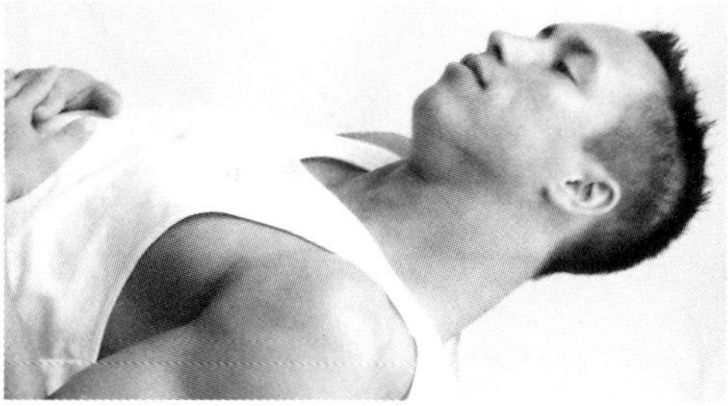

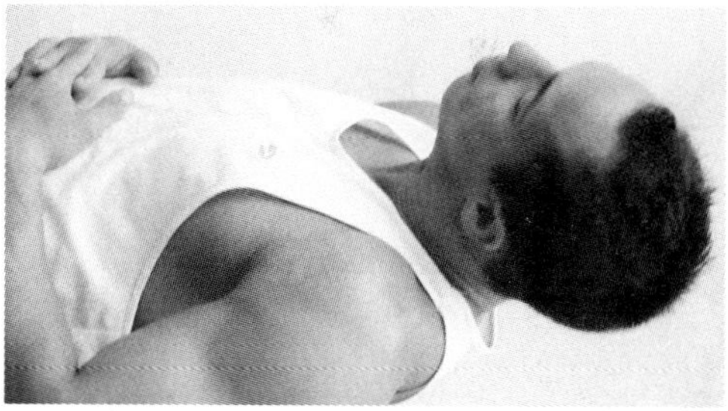

你也可以转动头部，先转向右侧，再转向左侧，同样要在中间位置停顿一下。

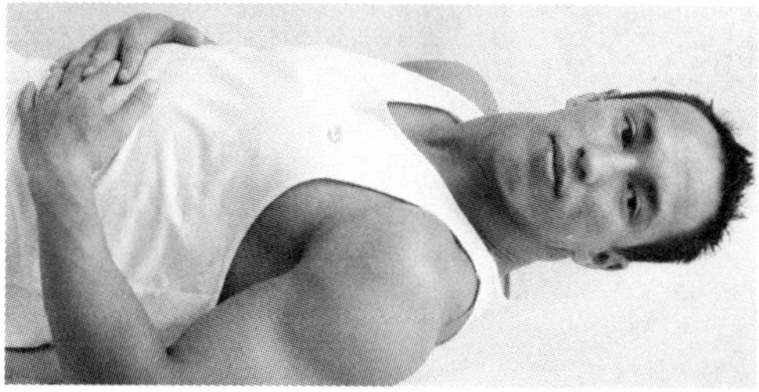

另一个好办法是缓慢地，用头划圆，下一次反复时改变转动方向。

要锻炼颈后的肌肉，就俯卧着上下运动头部（或者用跪姿，俯身向前），双手交叉，放在头后，抬头时向下按，以增加阻力。

准备升级吗？在点头或左右摆头时，用一只手抓住另一只手的手腕，并将双手放在额头上向下压，以增加阻力。

等你的颈部练得足够强壮后，你还可以在额头上放上重物做上述练习，字典、百科全书或者大小合适的石头（要垫着毛巾）等都可以。

16

全身练习

有些复合动作一开始做时可能感觉不好掌握，但它们其实都很简单，而且效果很好。我不记得自己有多少次在漫长的工作日结束之后或时间很紧张的情况下连续做100个八步立卧撑来完成一次锻炼。这的确有些痛苦的，但整个过程最多只用时10分钟，这么短的时间你就能好好健一次身。如果你暂时还做不了那么多，就先做50个四步立卧撑，无论你需要分多少组。当你可以不休息连续做50个时，试着增加到55个、60个，直到100个。从四步立卧撑做起，然后到立卧撑跳（Burpee）和八步立卧撑。不过，如果你打算一组就完成100次反复，那你最好准备好灭火器！

四步立卧撑（3）

胸肌、肱三头肌、肩部、核心区、背阔肌、髋部屈肌

笔直站立，
双脚微分。

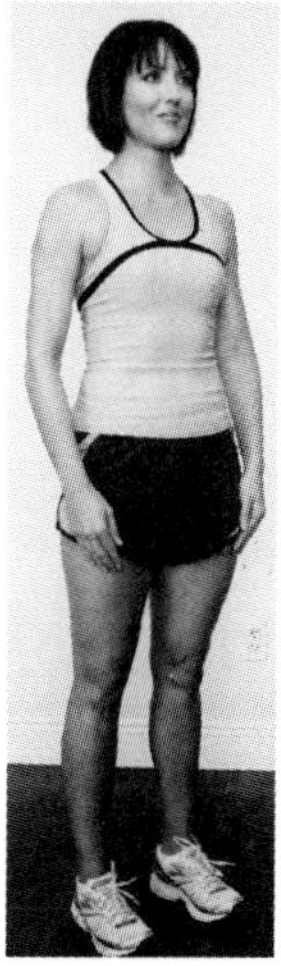

1.
俯身蹲下，把双手放在双脚前方外侧的地面上。

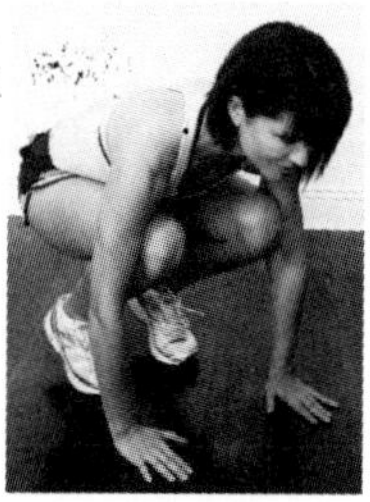

2.
双脚向后蹬出，变成标准俯卧撑的起始姿势。

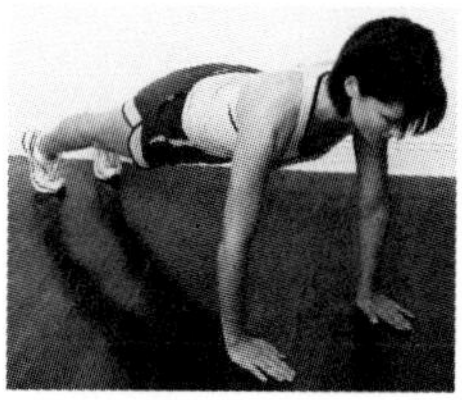

3.
跳一下，膝盖再次来到胸前，回到深蹲姿势。

4.
站起来。

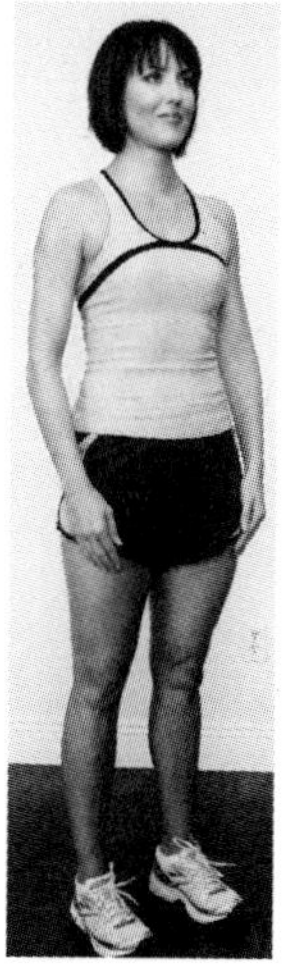

立卧撑跳（Burpee）（3）

胸肌、肱三头肌、肩部、核心区、背阔肌、髋部屈肌、股四头肌、臀部和小腿

笔直站立，双脚微分。

1\.
蹲下，并把双手放在双脚前方外侧的地面上。

2\.
双脚向后蹬出，变成俯卧撑的起始姿势。

3\.
做一个俯卧撑。

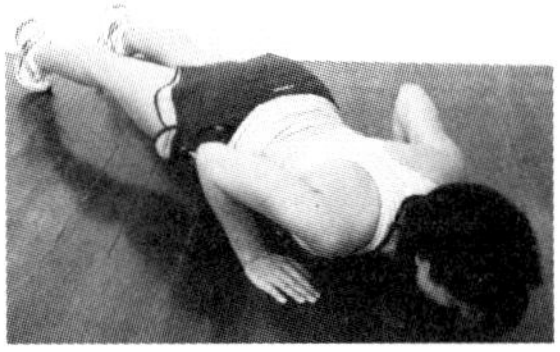

4\.
撑起来。

5\.
跳一下，双脚回到胸前，双脚落地，回到深蹲姿势。

6\.
高高跳起，同时双臂伸过头顶。

7\.
落地后继续下一次反复。

变式：如果在地上做俯卧撑还有点儿困难，那就将双手撑在高处做，撑在咖啡桌上或沙发扶手上都可以。

准备升级吗？在练习过程中，始终有一条腿抬起，离开地面。

八步立卧撑（3）

胸肌、肱三头肌、肩部、核心区、背阔肌和髋部屈肌

笔直站立，双脚微分。

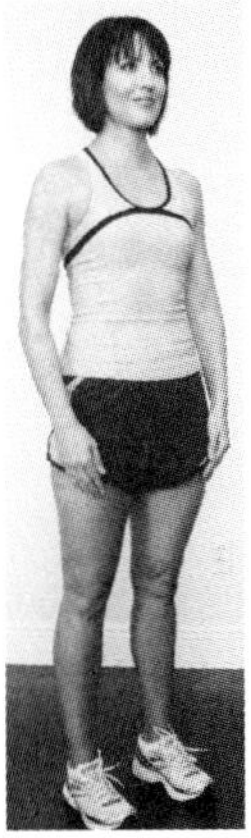

1.
蹲下，并将手放在脚前方外侧的地面上。

2.
双脚向后蹬出，变成俯卧撑的起始姿势。

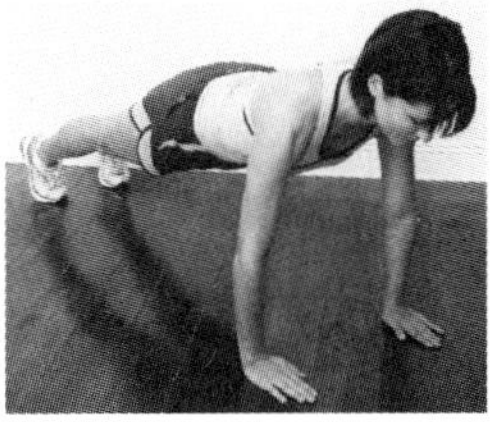

3.
做一个俯卧撑。

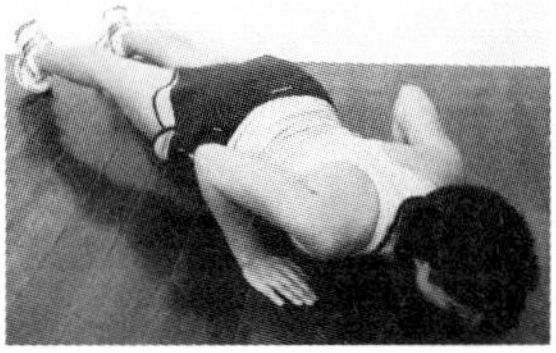

4.
撑起来。

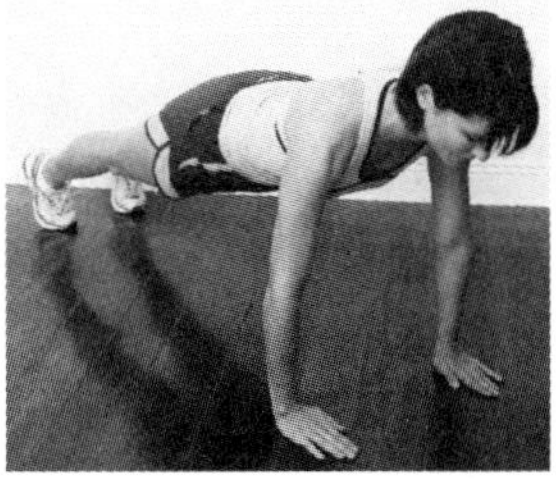

5.
保持俯卧撑姿势，双脚分开。

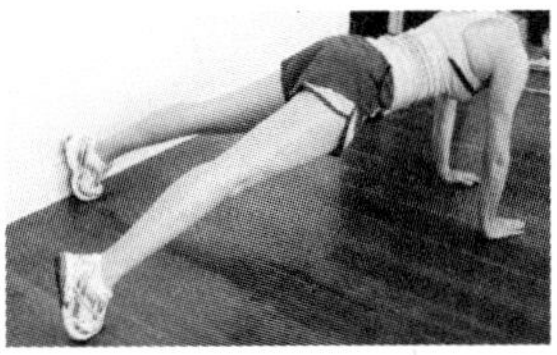

6.
把双脚收回，回到俯卧撑的起始姿势。

7.
跳一下，双膝回到胸前。

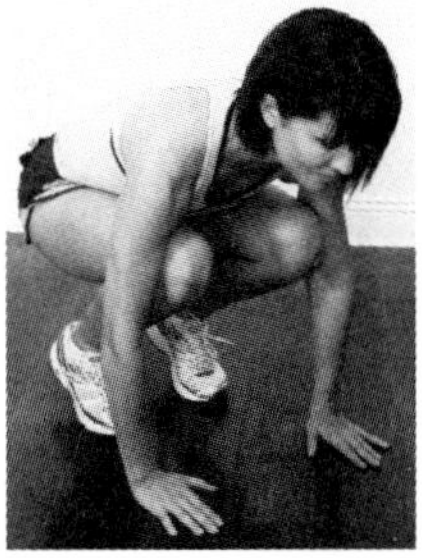

8.
站起来！

准备升级吗？在俯卧撑的最低点分开双腿会使这个练习变得更难。你的姿势越标准、身体绷得越紧，这个练习就越难，效果却越好。

蜘蛛侠（4）

这个顶级练习几乎能使你身体的每一块肌肉都得到锻炼，尤其是你的核心区、背部和胸部。做这个练习之前一定要彻底做好热身准备。

俯卧在地上，双臂向前伸出。弯曲手腕，仅以指尖为支点，后面则以前脚掌为支点。现在，深吸一口气并憋住，然后收紧你的腹部肌肉，收起耻骨，把你的核心区向上抬，使其离开地面。这个练习绝非儿戏！为了保护你的下背部，你一定要确保在动作过程中，你的核心区绷紧得像石头一样。

变式：你可以把手向身体两侧伸出，如图所示。这样做更着重于锻炼胸肌，同时也能降低动作难度。

你也可以用手掌撑地，这样能免去手指的压力。

准备升级吗？上半身仍然在地上，但用书之类的东西把手和脚架高，以此作为起始姿势。

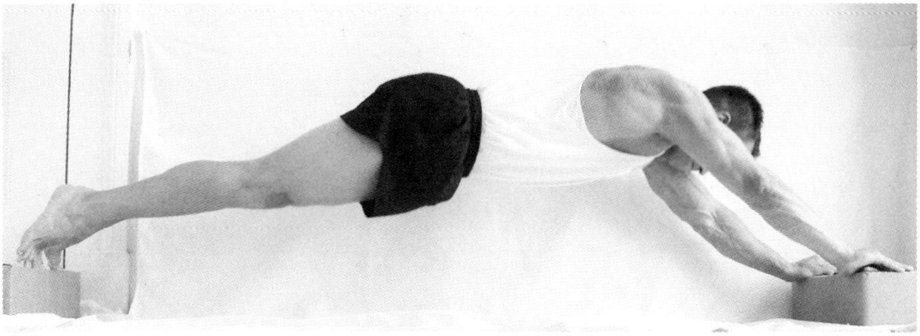

搬运工（4）

几乎锻炼你身体上的每一块肌肉

两只手各拿一个你能拿得动的所有东西中最重的东西（或者双手一起拿着一个东西），开始走路，直到你没有力气必须把东西放下，就这么简单。在整个动作过程中，背部都要挺直，身体中段要绷紧得像石头一样。你可以选用的东西有很多，纯净水桶、捆在一起的砖块、装满沙子或石头的书包，你能想得到的东西都可以，发挥你的想象力吧。去垃圾回收站看看你能找到些什么——旧冰箱、发动机、汽车部件等。

超级马力（4）

锻炼你身体上的每一块肌肉

把你的车挂空挡，停在一个没有车辆经过的平坦路面上， 你必须确保它不会向任何方向滑行。然后，推着它前进，直到你走不动为止！谁知道呢，也许有一天人们会在电视上看见你参加世界级的大力士比赛。

17

健身计划

这是为那些宁愿按照一个现成的、简单而具体的计划健身，而不愿费心自己设计健身计划的人准备的。10周为一个周期，每周健身4～5次，每次20～30分钟。

在利用器械健身时，几乎所有人都可以做同样的练习，只需调整重量就可以了。而自身体重训练与此不同，用自身体重健身时，不同能力水平的人需要选择不同的练习动作。下面我将介绍基础（新手）、一级（中级）、大师（高级）、英雄（精英）四个健身计划，它们适合不同的人。它们都是基于同样的训练原则（经过验证的）以及各种不同类型的“周期化训练”而设计的。如果你有兴趣就去看看附录三，那里有更多关于周期化训练和我的健身计划所依据的科学原理的内容。

有些锻炼不久的人的体重可能没有太多变化，但他们的腰围会缩小而肌肉会增加。我们关注的是身体组成，用它来衡量一个健身计划是否有效远比简单地称体重有意义。

你必须有耐心。如果你体重超标而且已经有10年没锻炼过，你不可能只用2个月就清除10年不锻炼的影响。如果你坚持按照计划锻炼，你的身体最终一定会变成你想要的样子，但实现长远目标本身就是一个缓慢的过程。我曾经说过，女性每周减0.5磅（约0.23千克）就很理想了，男性也只是稍多一点儿，不要自虐似的每天都盯着体重计。在不忽视长远目标的前提下，我的健身计划已经设计得尽可能地高效。这不是那种只锻炼两个月就能一劳永逸的神奇方法。宣扬那种观点的，不论是书、产品、计划、药品还是节食方法，都应当丢弃。

在过去10年中，我精心设计了能在最短时间内取得最佳效果的健身计划，而且这种效果不仅仅是10周甚至10年内有效，而是终生有效。完成一个周期后可以休息一两周，然后再开始下一周期，这样你既不会过度疲劳，还能不断进步。随着你的体能水平不断提高，你只需在健身计划中加入难度更高的练习或者变式。也就是说计划的框架不会改变，只是你做的具体练习有所不同。

每个10周健身计划都包括4个阶段。每个阶段使用不同的训练方法，我随后会详细说明。肌肉耐力训练阶段（第1周、第2周）使用“阶梯组”——低强度高次数——来提高动作熟练度。在肌肉力量训练阶段（第3周、第4周），练习强度比前两周高一些，而反复次数则有所减少。在爆发力训练阶段（第5周、第6周），我们转向高强度低次数。最后，在波动阶段

（第6～10周），我们会使用所有之前用过的方法，另外还会增加一些新方法；在这一阶段，一周内的每一天锻炼模式都不同，并且每周都会采用不同的方法来进行推力训练、拉力训练、腿部训练以及核心区训练。这一阶段，你每周要多锻炼一天，也就是每周5天，但仅此而已，并且其中还有2天只需16分钟和20分钟。

所有练习动作在前面都已经介绍过了，等你对它们和自己的能力都有更进一步的了解之后，你就能够根据自己的具体情况制定健身计划，并尝试很多新的练习。大胆尝试，乐在其中。只有当你勇往直前、为自己的健康做自我规划时，你才有可能实现自己身体的最终潜能。说到底，只有你知道什么对你最好。你只要记住下列几条简单的规则就行：

- 任何练习都不能用不同范畴的练习代替。例如，不能用推力练习代替腿部练习。
- 一定不要只选最舒服的练习！要练出好身材，你需要时不时地吃点儿苦。那些22岁的俊男美女们表演的不用出汗就能拥有魔鬼身材的健身器械广告纯属骗人。你得下工夫锻炼才行。
- 姿势要标准，反复次数要做足量，但不要过量。
- 主要选用复合动作，也就是那些需要活动两个及两个以上大关节的动作，如俯卧撑（肩部和肘部）或者深蹲（髋部和膝盖）。它们能增强你的平衡性，更进一步地提高心率，更加刺激肌肉生长；而且，它们比孤立训练更有效。（你什么时候遇到过只用一块肌肉就能干重活的情况？）你会发现，与别人的健身计划相比，我的计划中的腹肌训练要轻松一些。不过，不必担心：练习复合动作（需要核心区提供稳定支持）的运动员会比在健身房的地板上做卷腹的健身者的核心区更强。所以，在选择练习动作时，一定要把能最大限度地锻炼肌肉的复合动作放在首位。

后面还有一些时间更短、强度更大的20分钟训练！

Hooya!

周期化训练

由于很多原因，我们的水平有起有落，这很正常，所以不要因此而灰心。前进3步，倒退1步；前进4步，倒退2步……就是这个样子，人生中的其他事情其实也一样。我们的身体不可能始终严格地保持线性增长。但是，如果使用传统的健身计划，我们有限的恢复力终有一天会不堪重负，我们停滞不前的时间会远超预期。我的计划中采用的“周期化训练”正是用来解决这一问题的。它用专注于动作熟练程度和肌肉耐力的低强度期，有效地与高强度训练期相抵。

要用到的训练方法

阶梯组

选择任意练习动作，完成1次反复，休息一下，然后完成2次反复，再休息一下，再完成3次反复……一直增加反复次数，直到如果再增加的话你会在下一组达到力竭。达到最高点后，接下来每组的反复次数都比前一组减少一次，直至每组只完成一次反复。组间休息时间就是你刚完成的那一组练习所用的时间。这样，在反复次数增多时，休息时间也随之增加，反复次数减少时，休息时间也随之减少。

这个阶段中的每一个“阶梯组”都耗时7.5分钟。如果你完成一个阶梯组的最后一次反复时，时间（7.5分钟）还没用完，那就再来一个阶梯组。如果时间用完了，而你还没有做到“阶梯的底部”也没有关系。

训练你自己去把这些练习做对做好。如果你在“阶梯组”锻炼的过程中出现力竭，就说明你在“上阶梯”的过程中上得太高了。阶梯组应该是一种高次数、低强度的训练方法。

使用“阶梯组”锻炼时，你完全可以只完成较少的反复次数——甚至在一次锻炼的结束阶段可以不停地做只有一次反复的“阶梯组”，以免力竭。

做那些需要交换左右侧的练习时，两侧都完成指定次数才能休息。

间隔组

- 每个练习做3组。
- 每组6～12次反复。
- 两组开始的时间间隔为3分钟。从开始练习时计时，练到力竭或者完成12次反复，哪个先达到算哪个，在本次间隔的剩余时间内休息。从动作开始算起，第3分钟开始做第2组，第6分钟开始做第3组……
- 3组之中应该有一组让你在6～12次反复中达到力竭。如果不是这样，那就换一个难度合适的动作或变式。
- 做所有的单侧动作时，如保加利亚劈腿深蹲、单腿罗马尼亚硬拉和侧弓步，都要在一侧做完后再换另一侧，除非特别指出要在每一次反复后换另一侧。从你较弱的那一侧开始，之后立即换到较强的另一侧。

超级组

- 每组的时间间隔为4分钟。
- 每对动作中的第一个动作完成1～5次反复，另一个动作则完成6～12次反复。两个动作要连续做，这就是一个超级组。
- 每对动作做两个超级组。只有3对动作，所以你一天只需要做6个超级组，每组4分钟，第三个超级组开始于第16分钟，最后一个超级组开始于第20分钟。
- 每对动作中的第一个动作不应该练到力竭。
- 所有动作都要尽可能有控制地进行！每对中第一个动作的反向动作要做得

缓慢（2～3秒）而有控制，而收缩动作则要快速有力（约1秒钟），并且在每个动作的开始和结尾处各停顿1秒。第二个动作则应在保证姿势标准的前提下做得越快越好。

- 单侧动作在每次反复后换另一侧。

车轮组

若干个指定的练习动作（分别完成一定的反复次数）构成一个循环，在20分钟内完成尽可能多的循环，中间不要休息。如果出现力竭的状况，你可以稍微喘口气，不过要尽量把休息时间控制到最短。

密集组（Tabata）

总共8组，每组用时20秒，组间休息10秒，用时4分钟。节奏要控制好，既要能坚持完成这8组，又要让自己非常吃力。理想情况下，每20秒内完成的反复次数不应该有明显减少。这是高强度训练。

选择你的健身计划

任何可以完成规范动作的、身体健康的人都应当可以按照为新手设计的基础健身计划锻炼。当然，如果你有任何疑问，你应该在决定采用某个健身计划之前向医生咨询。

要采用1级健身计划，你至少得能够做到下面这些：

推力：10个俯卧撑，在动作的最高点和最低点各坚持2秒。

拉力：10个反向划船，腿伸直，脚放在地上。

腿部：两条腿各做15个后弓步，在动作的最低点坚持3秒。

核心区：保持静态俯卧撑的姿势，坚持1分钟。

如果你还达不到上述要求，那就从基础健身计划做起。

大师级最低要求：

推力：16个单臂俯卧撑，手撑在与大腿中部等高的平面上，每次反复后换手，一边做8次。

拉力：5个引体向上，在动作的最高点和最低点各坚持2秒。

腿部：交替做24个单腿深蹲，在动作的最低点臀部轻轻坐到一个略低于膝盖的平台上，每次反复后换腿，一边做12个。

核心区：保持静态俯卧撑的姿势，坚持3分钟。

英雄级最低要求：

推力：16个单臂俯卧撑，每次反复后换手，每侧做8个。

拉力：12个引体向上，在动作的最高点和最低点各坚持1秒。

腿部：24个手枪深蹲，每次反复后换腿，每侧做12个。

核心区：保持静态俯卧撑姿势5分钟。

如果你想记录每天所做练习的反复次数及其他信息，可以用附于本书最后的日志表格。

基础健身计划

适合新手

第1～2周

肌肉耐力训练阶段

（阶梯组*）

*关于训练方法的介绍，请参见第178页。

第1天 推力/拉力	第2天 腿部/核心区	第3天 推力/拉力	第4天 腿部/核心区
俯卧撑 （手撑在高处）	后弓步 （左右腿交替）	俯卧撑 （手撑在高处）	侧弓步
引体向前	单腿罗马尼亚硬拉 （左右腿交替）	引体向前	单腿罗马尼亚硬拉 （左右腿交替）
坐姿屈臂撑 （脚在地上）	深蹲	坐姿屈臂撑 （脚在地上）	深蹲 （在动作最低点坚持1～3秒）
反向划船 （屈膝）	游泳	反向划船 （屈膝）	转体卷腹

第3～4周

力量训练阶段

（间隔组）

第1天 推力	第2天 腿部	第3天 拉力	第4天 核心区
俯卧撑	保加利亚劈腿深蹲	引体向前	仰卧抬腿
军体俯卧撑 （手撑在高处）	侧弓步	反向划船 （屈膝）	俯卧挺身 （手放在下巴下）
窄距俯卧撑 （手撑在高处）	深蹲 （在最低点坚持1～3秒）	引体向前 （掌心向上）	俄式转体
坐姿屈臂撑	单腿罗马尼亚硬拉 （站在枕头上）	毛巾弯举	游泳

第5～6周

爆发力训练阶段

（超级组）

第1天 推力	第2天 腿部	第3天 拉力	第4天 核心区
俯卧撑（双脚架高）&推手起身	后弓步（在动作最低点坚持4～6秒，左右腿交替）&深蹲跳	门上引体向上（脚搭在椅子上面，或者专注于反向动作）&引体向前	两头起&俄式转体
军体俯卧撑&大拇哥	弓步（在动作最低点坚持4～6秒，左右腿交替）&侧弓步	引体向前（在动作最高点收缩肌肉，坚持4～6秒）&毛巾弯举	超人&游泳
窄距俯卧撑&坐姿屈臂撑	单腿罗马尼亚硬拉（站在枕头上，左右腿交替）&深蹲（在动作最低点坚持1～3秒）	反向划船（反握，腿伸直）&引体向前（掌心向上）	悬垂举腿（屈膝）&仰卧抬腿

第7～10周

波动阶段

	第1天 推力	第2天 腿部	第3天 拉力	第4天 核心区	第5天
第7周	阶梯组	超级组	间隔组	密集组	车轮组
	军体俯卧撑（手撑在高处）	后弓步（在动作最低点坚持4～6秒，左右腿交替）&深蹲跳	引体向前	俄式转体	10个后弓步（左右腿交替）、8个引体向前、6个俯卧撑
	俯卧撑（手撑在高处）	弓步（在动作最低点坚持4～6秒，左右腿交替）&侧弓步	反向划船（屈膝）	沙滩剪刀腿	
	窄距俯卧撑（手撑在高处）	单腿罗马尼亚硬拉（站在枕头上，在中间位置坚持1～3秒，左右腿交替）&弹簧跳	引体向前（掌心向上）	站姿提膝	
	坐姿屈臂撑（屈膝）		毛巾弯举		

第8周	密集组	阶梯组	超级组	间隔组	车轮组
	俯卧撑（手撑在与胸部等高的物体上）	后弓步（左右腿交替）	门上引体向上（脚搭在椅子上面或跳起来，然后专注于反向动作）&引体向前	仰卧抬腿	弓步（左右腿交替）、8个引体向前、6个俯卧撑
	摇椅	单腿罗马尼亚硬拉（左右腿交替）	引体向前（在动作最高点收缩肌肉，坚持4～6秒）&反向划船（屈膝）	俯卧挺身（手在下巴下）	
	立卧撑跳（不做俯卧撑）	深蹲（在动作最低点坚持1～3秒）	反向划船（反握，腿伸直）&引体向前（掌心向上）	俄式转体	
		早上好（在动作最低点坚持1～3秒）		游泳	

第9周	间隔组	密集组	阶梯组	超级组	车轮组
	俯卧撑	握踝深蹲	反向划船（屈膝）	两头起&俄式转体	10个后弓步（左右腿交替）、8个引体向前、6个俯卧撑
	军体俯卧撑（手撑在高处）	弓步	引体向前	超人&游泳	
	窄距俯卧撑（手撑在高处）	早上好	反向划船（反握，屈膝）	仰卧单车&仰卧抬腿	
	坐姿屈臂撑		引体向前（掌心向上）		

第10周	超级组	间隔组	密集组	阶梯组	车轮组
	俯卧撑（双脚架高）&推手起身	保加利亚劈腿深蹲	引体向前（脚在手后面，比正常位置退后一步）	卷腹起坐	10个后弓步（左右腿交替）、8个引体向前、6个俯卧撑
	军体俯卧撑&大拇哥	侧弓步	俯卧分腿	俯卧挺身（双臂在身体两侧）	
	窄距俯卧撑&坐姿屈臂撑（脚在地上）	深蹲（在动作最低点坚持4～6秒）	毛巾弯举	仰卧抬腿	
		单腿罗马尼亚硬拉（站在枕头上）		俯卧挺身（只抬起下半身）	

一级健身计划

适合中级水平的健身者

第1～2周

肌肉耐力训练阶段

（阶梯组*）

*关于训练方法的介绍，请参见第178页。

第1天 推力/拉力	第2天 腿部/核心区	第3天 推力/拉力	第4天 腿部/核心区
俯卧撑	后弓步 （在动作最低点坚持1～3秒，左右腿交替）	俯卧撑	侧弓步 （在动作最低点坚持1～3秒，左右腿交替）
反向划船	单腿罗马尼亚硬拉 （左右腿交替）	反向划船	单腿罗马尼亚硬拉 （左右腿交替）
军体俯卧撑	深蹲跳 （在动作最低点坚持1～3秒）	军体俯卧撑	深蹲跳 （在动作最低点坚持1～3秒）
引体向前	俯卧挺身 （双臂在身体两侧）	引体向前	俄式转体

第3～4周

力量训练阶段
（间隔组）

第1天 推力	第2天 腿部	第3天 拉力	第4天 核心区
俯卧撑 （双脚架高）	保加利亚劈腿深蹲 （在动作最低点坚持1～3秒）	门上引体向上 （脚放在椅子上面或者跳起来，然后专注于反向动作）	仰卧抬腿 （手放在胸前）
军体俯卧撑	侧弓步 （在动作最低点坚持4～6秒）	反向划船	超人
窄距俯卧撑	深蹲跳 （在动作最低点坚持4～6秒）	引体向前	仰卧单车
屈臂撑 （腿在身后弯曲，脚搭在椅子上借力）	单腿罗马尼亚硬拉 （站在枕头上）	毛巾弯举	俯卧挺身 （手放在下巴下）

第5～6周

爆发力训练阶段
（超级组）

第1天 推力	第2天 腿部	第3天 拉力	第4天 核心区
俯卧撑（双脚架高，在动作最低点坚持1～3秒）&推手起身	单腿深蹲（双手扶着椅子，左右腿交替）&深蹲跳（在动作最低点坚持4～6秒）	门上引体向上&引体向前	悬垂举腿（屈膝）&铁十字（屈膝）
军体俯卧撑（双脚架高）&大拇哥	侧弓步（在动作最低点坚持4～6秒，左右腿交替）&后弓步（在动作最低点坚持1～3秒，左右腿交替）	引体向前（在动作最高点收缩肌肉，坚持4～6秒）&反向划船	单腿髋屈伸（左右腿交替）&超人
窄距俯卧撑（双脚架高）&屈臂撑（腿在身后弯曲，脚搭在椅子上借力）	单腿罗马尼亚硬拉（站在枕头上，在动作最低点坚持1～3秒，左右腿交替）&跳箱子	反向划船（反握，双脚架高）&引体向前（掌心向上）	两头起&俄式转体

第7～10周

波动阶段

	第1天 推力	第2天 腿部	第3天 拉力	第4天 核心区	第5天
第7周	阶梯组	超级组	间隔组	密集组	车轮组
	中式俯卧撑	单腿深蹲（双手扶着椅子，左右腿交替）&深蹲跳（在动作最低点坚持4～6秒）	门上引体向上（脚放在椅子上面或者跳起来，然后专注于反向动作）	俄式转体	6个反向划船（屈膝）、12个侧弓步（左右腿交替）、8个俯卧撑
	俯卧撑	侧弓步（在动作最低点坚持4～6秒，左右腿交替）&后弓步（在动作最低点坚持1～3秒，左右腿交替）	反向划船	仰卧拍腿	
	窄距俯卧撑	单腿罗马尼亚硬拉（站在枕头上，在动作最低点坚持1～3秒，左右腿交替）&跳箱子	引体向前	深蹲	
	坐姿屈臂撑		毛巾弯举		

第8周	密集组	阶梯组	超级组	间隔组	车轮组
	俯卧撑（手撑在高处）	后弓步（在动作最低点坚持1～3秒，左右腿交替）	门上引体向上&引体向前	仰卧抬腿（手放在胸前）	6个反向划船（屈膝）、12个侧弓步（左右腿交替）、8个俯卧撑
	坐姿屈臂撑	侧弓步（左右腿交替）	引体向前（在动作最高点坚持4～6秒）&反向划船	超人	
	深蹲（脚在地上）	深蹲跳（在动作最低点坚持1～3秒）	反向划船（反握，双脚架高）&引体向前（掌心向上）	仰卧单车	
		单腿罗马尼亚硬拉（左右腿交替）		俯卧挺身（手在下巴下）	

第9周	间隔组	密集组	阶梯组	超级组	车轮组
	俯卧撑（双脚架高）	弓步跳	反向划船	悬垂举腿（屈膝）&铁十字	6个反向划船（屈膝）、12个侧弓步（左右腿交替）、8个俯卧撑
	中式俯卧撑（手撑在高处）	侧跳	引体向前	单腿髋屈伸（左右腿交替）&超人	
	窄距俯卧撑（手撑在高处）	深蹲	反向划船（反握）	两头起&俄式转体	
	屈臂撑（腿在身后弯曲，脚搭在椅子上借力）		引体向前（掌心向上）		

第10周	超级组	间隔组	密集组	阶梯组	车轮组
	俯卧撑（双脚架高，在动作最低点坚持1～3秒）&推手起身	保加利亚劈腿深蹲（在动作最低点坚持1～3秒）	反向划船	仰卧单车	6个反向划船（屈膝）、12个侧弓步（左右腿交替）、8个俯卧撑
	军体俯卧撑（双脚架高）&顶上推举	侧弓步（在动作最低点坚持4～6秒）	引体向前	俯卧挺身（手放在下巴下）	
	窄距俯卧撑（双脚架高）&屈臂撑（腿在身后弯曲，脚搭在椅子上借力）	深蹲跳（在动作最低点坚持4～6秒）	深蹲	仰卧分腿	
		单腿罗马尼亚硬拉（站在枕头上）		游泳	

大师健身计划

适合高水平的健身者

第1～2周

肌肉耐力训练阶段

（阶梯组*）

*关于训练方法的介绍，请参见第178页。

第1天 推力/拉力	第2天 腿部/核心区	第3天 推力/拉力	第4天 腿部/核心区
单臂俯卧撑 （手撑在高处，左右手交替）	单腿深蹲 （有辅助或者蹲下之后坐在高的平台上，左右腿交替）	单臂俯卧撑 （手撑在高处，左右手交替）	单腿深蹲 （有辅助或者蹲下之后坐在高的平台上，左右腿交替）
门上引体向上 （脚搭在椅子上或者跳起来，然后专注于反向动作）	后弓步 （在动作最低点坚持4～6秒，左右腿交替）	门上引体向上 （脚放在椅子上或者跳起来，然后专注于反向动作）	侧弓步 （在动作最低点坚持1～3秒，左右腿交替）
军体俯卧撑 （双脚架高）	髋屈伸	军体俯卧撑	单腿罗马尼亚硬拉 （站在枕头上面，左右腿交替）
反向划船	超人	引体向前	铁十字 （屈膝）

第3～4周

力量训练阶段

（间隔组）

第1天 推力	第2天 腿部	第3天 拉力	第4天 核心区
单臂俯卧撑（手撑在高处）	单腿深蹲（有辅助或者蹲下之后坐在高的平台上）	门上引体向上	悬垂举腿（双腿抬起，与地面平行）
俯冲轰炸机	保加利亚劈腿深蹲（在动作最低点坚持4～6秒）	引体向前（在动作最高点坚持1～3秒）	枕式挺身
军体俯卧撑（双脚架高）	侧弓步（在动作最低点坚持4～6秒）	反向划船	两头起
屈臂撑	单腿髋屈伸	反向划船（反握）	超人

第5～6周

爆发力训练阶段

（超级组）

第1天 推力	第2天 腿部	第3天 拉力	第4天 核心区
单臂俯卧撑＆反弹俯卧撑	手枪深蹲＆跳箱子	门上引体向上＆反向划船	悬垂举腿＆仰卧单车
军体俯卧撑（双脚架高）＆俯冲轰炸机	柔式深蹲＆弓步跳	单臂引体向前＆反向划船（反握）	枕式挺身＆超人
下沉臂屈伸＆推手起身	下落撑＆侧跳	引体向前（反握，在动作最高点坚持4～6秒）＆毛巾弯举	两头起＆铁十字（屈膝）

第7～10周

波动阶段

	第1天 推力	第2天 腿部	第3天 拉力	第4天 核心区	第5天
第7周	阶梯组	超级组	间隔组	密集组	车轮组
	单臂俯卧撑（手撑在与膝盖等高的平台上）	手枪深蹲＆柔式深蹲	门上引体向上	侧卧两头起（每侧各4组）	12个单腿深蹲（有辅助）或者跳箱子、6个俯冲轰炸机、8个反向划船
	俯冲轰炸机	跳箱子＆弓步跳	引体向前（在动作最高点坚持1～3秒）	仰卧拍腿（手放在胸前）	
	屈臂撑	下落撑＆侧跳	反向划船	深蹲	
	坐姿屈臂撑		反向划船（反握）		
第8周	密集组	阶梯组	超级组	间隔组	车轮组
	俯卧撑	单腿深蹲（有辅助）	门上引体向上＆反向划船	悬垂举腿（双腿抬起，与地面平行）	12个单腿深蹲（有辅助）或者跳箱子、6个俯冲轰炸机、8个反向划船
	推手起身	柔式深蹲	单臂引体向前＆反向划船（反握，双脚架高）	枕式挺身	
	深蹲	侧弓步（在动作最低点坚持1～3秒）	引体向前（反握）＆毛巾弯举	两头起	
		髋屈伸		超人	

第9周	间隔组	密集组	阶梯组	超级组	车轮组
	单臂俯卧撑（手撑在高处）	弓步跳	门上引体向上（有辅助）	悬垂举腿&仰卧单车	12个单腿深蹲（有辅助）或者跳箱子、6个俯冲轰炸机、8个反向划船
	俯冲轰炸机	侧跳	反向划船	枕式挺身&超人	
	军体俯卧撑（双脚架高）	深蹲	反向划船（反握）	两头起&铁十字（屈膝）	
	屈臂撑		引体向前		

第10周	超级组	间隔组	密集组	阶梯组	车轮组
	单臂俯卧撑&反弹俯卧撑	单腿深蹲（有辅助或者蹲下之后坐在高的平台上）	反向划船	侧卧两头起（双腿弯曲）	12个单腿深蹲（有辅助）或者跳箱子、6个俯冲轰炸机、8个反向划船
	军体俯卧撑（双脚架高）&俯冲轰炸机	保加利亚劈腿深蹲（在动作最低点坚持4~6秒）	引体向前	俯卧分腿	
	下沉臂屈伸&推手起身	侧弓步（在动作最低点坚持4～6秒）	深蹲	仰卧抬腿（手放在胸前）	
		单腿髋屈伸		俯卧挺身（手在下巴下）	

英雄健身计划

精英之选

第1～2周

肌肉耐力训练阶段

（阶梯组*）

*关于训练方法的介绍，请参见第178页。

第1天 推力/拉力	第2天 腿部/核心区	第3天 推力/拉力	第4天 腿部/核心区
单臂俯卧撑（手撑在高处，左右手交替）	手枪深蹲（左右腿交替）	单臂俯卧撑（手撑在高处，左右手交替）	单腿深蹲（左右腿交替）
门上引体向上	弓步跳	门上引体向上	跳箱子
俯冲轰炸机	单腿髋屈伸（左右腿交替）	军体俯卧撑（双脚架高）	柔式深蹲
反向划船（双脚架高）	枕式挺身	单臂引体向前（左右手交替）	铁十字

第3～4周

力量训练阶段

（间隔组）

第1天 推力	第2天 腿部	第3天 拉力	第4天 核心区
单臂俯卧撑	手枪深蹲	门上引体向上（在动作最高点坚持1～3秒）	悬垂举腿（腿完全抬起）
倒立撑	保加利亚劈腿深蹲（在动作最低点坚持4～6秒）	单手引体向前	枕式挺身
俯冲轰炸机	柔式深蹲	反向划船（反握，双脚架高）	折刀
下沉臂屈伸（手撑在与腰等高的平面上）	弓步跳	引体向前（在动作最高点坚持4～6秒）	超人

第5～6周

爆发力训练阶段

（超级组）

第1天 推力	第2天 腿部	第3天 拉力	第4天 核心区
单臂俯卧撑（双脚架高）&反弹俯卧撑	手枪深蹲（在动作最低点坚持1～3秒，左右腿交替）&跳箱子	门上引体向上（在动作最高点坚持4～6秒）&反向划船（双脚架高）	悬垂举腿（在动作最高点坚持4～6秒，脚抬到手的高度）&慢速仰卧单车（每次用2秒将膝盖拉回）
倒立撑（在动作最低点坚持1～3秒）&俯冲轰炸机	柔式深蹲（在动作最低点坚持1～3秒）&弓步跳	单臂引体向前（在动作最高点收缩肌肉，坚持1～3秒）&反向划船（反握，双脚架高）	枕式挺身&超人
下沉臂屈伸（手撑在与腰部等高的平台上）&推手起身	下落撑&侧跳	引体向上（碰到胸骨）&引体向前（反握，在动作最高点坚持4～6秒）	折刀&铁十字

第7～10周

波动阶段

	第1天 推力	第2天 腿部	第3天 拉力	第4天 核心区	第5天
第7周	阶梯组	超级组	间隔组	密集组	车轮组
	单臂俯卧撑	手枪深蹲（在动作最低点坚持1～3秒，左右腿交替）＆跳箱子	门上引体向上（在动作最高点坚持1～3秒）	两头起	12个手枪深蹲（左右腿交替，每条腿6个）或者24个弓步跳（跳得尽可能高）、6个倒立撑、8个门上引体向上
	倒立撑	柔式深蹲（在动作最低点坚持1～3秒）＆弓步跳	单臂引体向前	侧卧两头起（每组之后换另一侧，每侧共4组）	
	俯冲轰炸机	下落撑（不用手）＆侧跳	反向划船（反握，双脚架高）	登山	
	屈臂撑（在动作最低点坚持1～3秒）		引体向前（反握，在动作最高点收缩肌肉，坚持4～6秒）	深蹲	

第8周	密集组	阶梯组	超级组	间隔组	车轮组
	俯卧撑	单腿深蹲	门上引体向上（在动作最高点坚持4～6秒）&反向划船（双脚架高）	悬垂举腿（腿完全抬起）	12个手枪深蹲（左右腿交替，每条腿6个）或者24个弓步跳（跳得尽可能高）、6个倒立撑、8个门上引体向上
	推手起身	柔式深蹲	单臂引体向前（在动作最高点收缩1～3秒）&反向划船（反握，双脚架高）	枕式挺身	
	登山	弓步跳	引体向上（碰到胸骨）&引体向前（反握，到达动作的最高点时收缩肌肉，坚持4～6秒）	折刀	
	立卧撑跳	单腿髋屈伸		超人	

第9周	间隔组	密集组	阶梯组	超级组	车轮组
	单臂俯卧撑	弓步跳	门上引体向上	悬垂举腿（脚抬到手的高度，在动作最高点坚持4～6秒）&慢速仰卧单车（每侧12个，总共24个）	12个手枪深蹲（左右腿交替，每条腿6个）或者24个弓步跳（跳得尽可能高）、6个倒立撑、8个门上引体向上
	倒立撑	侧跳	反向划船	枕式挺身&超人	
	俯冲轰炸机	深蹲举	反向划船（反握）	折刀&铁十字（缓慢地做，每侧6个，总共12个）	
	下沉臂屈伸（手撑在与腰部等高的平面上）	深蹲	单臂引体向前（左右手交替）		

第10周	超级组	间隔组	密集组	阶梯组	车轮组
	单臂俯卧撑（双脚架高）&反弹俯卧撑	单腿深蹲	门上引体向上（把脚放在椅子上或者跳起来，然后专注于反向动作）	折刀	12个手枪深蹲（左右腿交替，每条腿6个）或者24个弓步跳（跳得尽可能高）、6个倒立撑、8个门上引体向上
	倒立撑&俯冲轰炸机（胸部在双手之间，即将将自己推起时停顿一会儿）	保加利亚劈腿深蹲（在动作最低点做顶上推举）	反向划船	枕式挺身	
	下沉臂屈伸（手撑在与膝盖等高的平台上）&推手起身	弓步跳	引体向前	侧卧两头起（腿伸直，两侧交替进行）	
		下落撑	登山	超人	

18

更短、更强的20分钟锻炼！

在此，我提供了大量可以在20分钟或者更短的时间内完成的健身计划，它们分别使用了一种我在第10章中详细介绍过的训练方法。你可以尝试我给出的计划，或者以它们为启发，设计专属于你自己的20分钟健身计划。

阶梯组：

选择下面任意一对练习动作，每个动作做10分钟：

单臂俯卧撑、倒立撑
俯卧撑、坐姿屈臂撑
引体向上、反向划船
反向划船（反握）、引体向前
单腿深蹲、弓步跳
深蹲、弓步
悬垂举腿、侧卧两头起

双阶梯组：

选择下面任意两对练习动作，每对动作做10分钟：

引体向上、俯冲轰炸机
反向划船、俯卧撑
手枪深蹲、俯卧挺身
悬垂举腿、深蹲
侧弓步、侧卧两头起
俯卧撑、仰卧拍腿
军体俯卧撑、超人
弓步跳、反弹俯卧撑

等时递增法：

如果做某个动作做到了力竭，那下一分钟就重新开始一个递增序列，直到20分钟结束。

引体向上
反向划船
手枪深蹲
侧弓步
单臂俯卧撑
中式俯卧撑
悬垂举腿
俯卧分腿

强力组：

总共做6组，每组完成1～5次反复。每两组的开始时间之间间隔3分钟，即从你开始锻炼之时计时，第2组从第3分钟开始，第6组从第15分钟开始。做完一组之后（不管你用了多长时间）到下一组开始前的这段时间用于休息。

俯卧撑或单臂俯卧撑
军体俯卧撑
单腿深蹲或手枪深蹲
后弓步

引体向上

反向划船

蜘蛛侠

两头起

计时训练：

每个动作做5组，每组在20秒内完成尽可能多的反复，然后休息40秒。

屈臂撑、卷腹起坐、俯卧撑、仰卧拍腿

引体向上、跳箱子、反向划船、侧跳

弓步跳、引体向上、卷腹起坐、俯卧撑

卷腹起坐、俯冲轰炸机、引体向上、深蹲

悬垂举腿、侧卧提髋、仰卧单车、游泳

立卧撑跳、登山、大字跳、深蹲

车轮组：

从以下组合中任选一个，在20分钟内完成尽可能多的循环：

10个后弓步（左右腿交替）、8个引体向前、6个俯卧撑

10个登山、6个反向划船（屈膝）、8个俯卧撑

6个反向划船（屈膝）、12个侧弓步（左右腿交替）、8个俯卧撑

20个登山、6个俯冲轰炸机、8个反向划船

12个单腿深蹲（左右腿交替，有辅助）或跳箱子、6个俯冲轰炸机、8个反向划船

30个登山、6个倒立撑、8个引体向上

12个手枪深蹲（左右腿交替）或弓步跳、6个倒立撑、8个引体向上

密集组：

第一个4分钟内做第一个动作，之后休息1分钟。然后，用同样的方式做第二个动作。在第二个1分钟休息期结束后，做第三个动作。最后一个动作紧跟在第三个1分钟休息期后。

深蹲、登山、推手起身、俯冲轰炸机

深蹲举、登山、卷腹起身、引体向上

侧跳、侧弓步（左右腿交替）、俄式转体、俯卧撑

立卧撑跳、仰卧拍腿、推手起身、引体向前

俯卧撑、登山、深蹲举、引体向上

深蹲举、跳箱子、仰卧分腿、游泳

计量训练：

任意选择一个动作组合，尽可能快地完成：

100个八步立卧撑

50个深蹲、15个引体向上、10个俯冲轰炸机（总共做3～5轮）

20个八步立卧撑、20个引体向上、15个八步立卧撑、15个引体向上、10个八步立卧撑、10个引体向上、5个八步立卧撑、5个引体向上

立卧撑跳、登山、弓步跳（做第一轮时，每个动作各完成5次反复，第二轮完成10次，往后依次为15次、20次、15次、10次、5次）

50个卷腹起坐、40个俯卧挺身、30个仰卧分腿、20个俯卧挺身、10个卷腹起坐、20个俯卧挺身、30个仰卧分腿、40个俯卧挺身、50个卷腹起坐

金字塔训练：

以下分别为3种练习的金字塔训练示例：

俯卧撑：手撑在较高的物体上，8个；标准俯卧撑，6个；脚架在较高的物体上，4个；脚架在较高的物体上，并在动作最低点坚持，2个。

单臂俯卧撑：手撑在与腰等高的物体上，3个；手撑在与膝等高的物体上，3个；标准的单臂俯卧撑，3个；脚架在较高的物体上，3个；脚架在较高的物体上，并在动作最低点坚持，3个。

手枪深蹲：标准的手枪深蹲，12个；在动作最低点坚持，8个；拿着重物，并在动作最低点坚持，4个；在动作最低点坚持，8个；标准的手枪深蹲，12个。

复合组训练：

每个动作完成指定的次数，然后休息，休息后再开始下一个复合组：

12～20个深蹲、12～20个错手俯卧撑、12～20个桌式挺髋、12～20个脏狗

30个弓步跳（每条腿15个）、8个引体向上、8个悬垂举腿、20个推手起身（5组，组间休息90秒）

12个单腿深蹲（每条腿6个）、24个弓步跳或者弓步（每条腿12个）、30个深蹲（4组，组间休息2分钟）

反向划船，直到力竭；俯卧撑的变式，直到力竭；悬垂举腿，直到力竭；单腿交替深蹲的变式，直到力竭（3组，组间休息5分钟）

附录一

自制健身装备

正如你已经看到的，只要细心观察并发挥创造力，你就可以把任何房间变成一个全能健身房。你可以用日常物品制作各种各样的阻力训练装备——多到让你惊讶，以取代传统力量训练中使用的哑铃，虽然这在我的健身系统中并不是必需的。

下面就以锻炼肱二头肌的弯举为例来说明。其实，即使没有哑铃你也可以做弯举，你可以用装有适量水的水壶或者装满东西的购物袋。你还可以用我的最爱——装着重物的书包（无论在家里还是出门在外都可以使用）。找一个书包，向里塞东西（书、杂志、报纸、罐头、装满水或沙子的饮料瓶、石头，几乎什么都可以），直到你觉得重量合适。如果你愿意，你还可以在书包上加一个提手：折一段长度适合做提手的木棍，用胶带把它固定于书包顶部的挂带上。大部分书包很轻松地就可以装60磅（约27.22千克）的东西，有些甚至能装更多。

很多动作中的哑铃都可以用书包代替，如侧平举、锻炼肱三头肌的动作或者直立划船。在做引体向上、深蹲、弓步等练习时，你都可以背上书包增加阻力。在做腿部练习时，你可以让你的孩子骑在肩上，甚至是你的女友或妻子（但不要两人同时，那样你的麻烦就大了）。

你也可以使用书——电话号码簿、课本、百科全书、字典、砖块和罐头；如果你使用的是能改变重量的物品，那更好。你可以背上装满石头的书包，再提起装满水的水桶来做提踵练习，这会使提踵练习的难度大增。在练习坐姿提踵时，你可以在膝盖上放沙袋。

你可以把绳子或者皮带缠在树上、栅栏或栏杆上，然后双手或单手抓住它来做引体向前；当然，买个吊环也很好。方法数不胜数。四处看一看，发挥你的创造力，很可能你已经拥有所有你可能用到的装备了。

使用日常物品制作装备的方法有很多种，下面只是其中几个。

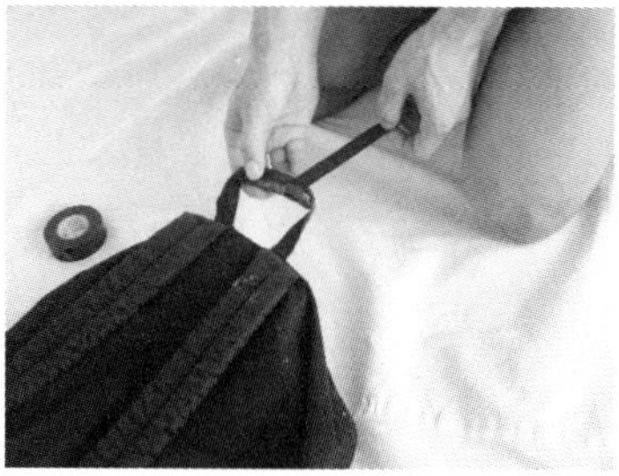

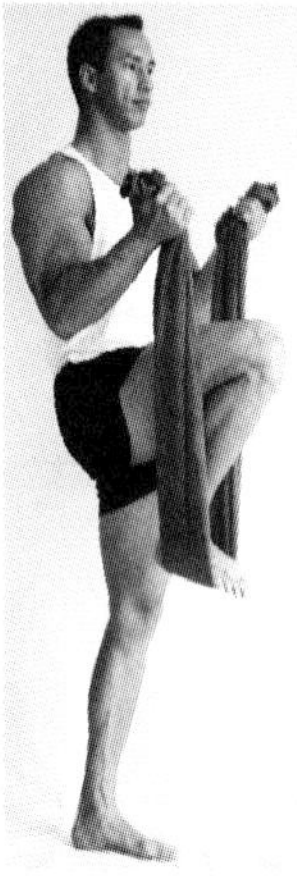
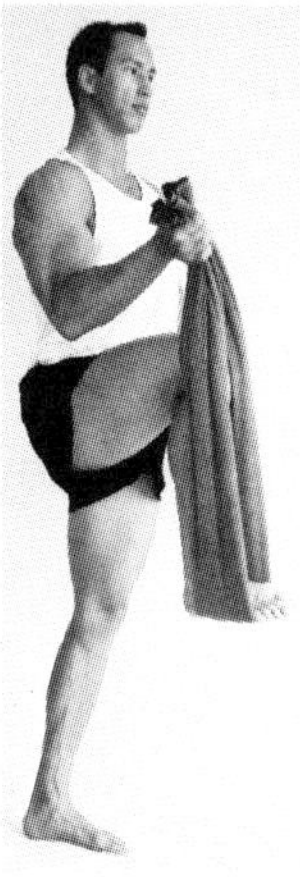

附录二

成功健身必须遵循的6个原则

坚持：实现长远目标的关键。我们需要坚持科学的锻炼、合理的饮食以及足够的休息。不是坚持两个月，我的意思是坚持很多年，甚至几十年。如果跌倒了，就爬起来继续，要使之成为你的生活方式。

恢复：健身计划中有没有留出足够的休息时间，你的计划会使你过度锻炼吗？（“越多越好”误区部分介绍了过度锻炼的几种表现。）

规律：健康源于规律。一份健身计划绝不应当是不定期地以随意的强度和训练量做一些随意选择的练习动作。我的空中交通管制教官曾说过：“我们需要一个系统，还有一个计划，那样我们就不可抵挡了。”我们的身体无法适应随机的活动。没有规律，身体会无所适从。最好的办法是设定目标，然后有规律地、方法得当地锻炼，从而以最快的速度实现自己的目标。

变化：变化并不是指每次锻炼都要做不同的练习动作。针对每一个身体部位，我们可以很多年都做同样的练习。需要改变的是锻炼强度、锻炼量、组间休息时间。在自身体重训练中，我们通过选择同一个动作的不同变式以及不同的锻炼方法来调整强度。

进步：很奇怪，这么重要的原则在任何一个健身房都没有得到应有的重视。我们总能见到这样的情况：人们在健身房练了一年又一年，却一直使用同样的重量。为什么？考虑到他们都遵循了其他的原则，我猜这很可能是因为他们的计划没有从易到难逐步提高难度的内容，包括增加重量、提高动作难度、完成更多次数、减少组间休息次数、加快节奏（增加单位时间内完成的次数）或者以上这些的组合。同时你还要注意，难度提高得太快将会导致过度锻炼。

超负荷：为了改变身体组成和增强力量，我们需要给肌肉施以它们不适应的压力。我们的身体需要新的刺激来迫使自己去适应。当身体适应了这种刺激后，我们就得给它新的、不同的刺激。进步和超负荷相辅相成，这二者的量也必须适当。

附录三
健身计划背后的科学

周期化训练：终极力量训练计划的脊梁

你要知道为什么要选择某个健身计划以及如何按照计划来锻炼，而不应该盲目地照做。这会给你在困难时期继续前进的动力以及在身体变化和适应时自己调整计划所需的知识，还能避免锻炼过度。我的健身计划的关键是周期化训练：锻炼量和锻炼强度的结构化波动。

锻炼量：组数乘以反复次数。

锻炼强度：动作难度。例如，单臂俯卧撑的强度要大于标准俯卧撑。

坚持、恢复、规律、变化、进步、超负荷——成功的健身计划必须遵循的6个原则——受到大锻炼量、低锻炼强度向少锻炼量、高锻炼强度的周期转化的影响。简单地说，一个健身计划应当从大量相对容易的练习过渡到少量难度较高的练习，这将提升运动技能，同时也能避免过度锻炼和伤病等常见问题。很多研究表明，相比非周期化训练（缺乏锻炼量和锻炼难度的变化），周期化训练（像很多别的书中介绍的）在力量和身体组成方面能导致更大的变化。

在周期化健身计划中，特定的技能——肌肉耐力、肌肉力量、爆发力——分别在不同的阶段得到提升。通常，大锻炼量、低锻炼强度阶段提升肌肉耐力，这在我的健身计划中通过阶梯组来实现，而不是通过固定的组数和次数来实现。中等锻炼量、中等锻炼强度阶段增强肌肉力量，其中每组反复次数为6～12次。少锻炼量、高锻炼强度阶段则增强爆发力，其中每组反复次数为1～5次。在这些阶段，你可以通过减少组数和/或反复次数（锻炼量），同时加大阻力或提高动作难度（锻炼强度）来实现周期化训练。

很简单，是吧？等等，我还没说完呢。周期化训练可不止一种，根据个人的体能水平，最通行的两种周期化训练——线性周期化训练和每日波动周期化训练——各有利弊。正因如此，我在制订健身计划时两种都使用了。请不要为这些拗口的名字而恼火，它们其实很简单。

线性周期化训练（LP）是传统的、也是最流行的周期化训练法。它以2～4周为一个阶段，线性地从大锻炼量、低锻炼强度过渡到少锻炼量、高锻炼强度。

随着总的反复次数的减少和动作难度的提高，锻炼的重点从肌肉耐力过渡到肌肉力量再到爆发力。随着锻炼强度增加，组间休息时间也相应增加。通常，肌肉耐力训练阶段有30～60秒的组间休息时间，力量训练阶段有90～120秒的组间休息时间，爆发力训练阶段有2.5～5分钟的组间休息时间。

这种强度逐渐增大的周期化训练法适用于新手或者久未锻炼的人，因为采用这种训练法时，关节有足够的时间去适应新的动作，动作熟练程度得以逐步培养。记住：直接跳到高强度动作是自找麻烦。此外，少锻炼量、低锻炼强度不仅能避免过度锻炼和伤病，还能让新手有很好的进步，这主要是因为动作熟练程度得以提高以及避免了过度锻炼和伤病。大锻炼量、低锻炼强度阶段是了解和掌握各种练习及其变式的阶段，大多数练习都相对简单。

每日波动周期化训练（DUP）通过每天改变锻炼量和锻炼强度来提升不同的技能。增强肌肉耐力的大锻炼量、低锻炼强度的训练日之后可能紧跟着就是增强爆发力的少锻炼量、高锻炼强度的训练日，而接下来的一天则是增强力量的训练日。使用这种方法时，每天都有变化——你的身体始终保持新鲜感，并且情绪高涨。此外，这种方法还能避免技能退化，因为一周之内所有技能都得到了提升。研究显示，这种周期化训练法导致的力量增长是LP的两倍。

从第一周开始，每一周内所有技能都会得到提升，所以DUP只适合那些能够应对高强度训练而不会受伤的人。

下面说说我的健身计划

前6周采用LP，肌肉耐力、肌肉力量、爆发力各占2周，第7周开始DUP，一直到第10周（为期4周）。这样的安排可以兼取两家之长。新手可以在LP阶段看到明显的进步，而在DUP阶段体验大幅度的提升。此外，由于这是一个连续进行的计划，6周LP有助于避免之前4周DUP可能导致的过度疲劳。因为DUP比LP额外增加了一天，在这一天我会使用高强度间隔训练法（HIIT），它对塑造肌肉、燃烧脂肪、提高有氧耐力以及增强力量都非常有效。

你可以不采用我的计划，但一定要在你的计划中采用某种周期化训练法。任何一种周期化训练都比没有强。开足马力练个不停肯定会锻炼过度，进而导致伤病。任何形式的锻炼都是如此，无论是举重、自行车、跑步、划船还是其他运动。周期化训练的变化无穷无尽，我选择的方法最适用于自身体重训练。我的训练计划能使8项身体素质指标全部得以提高：通过改变锻炼量（组数和反复次数）、锻炼强度（动作难度）以及时间（锻炼和休息时间）来发展力量、爆发力、肌肉耐力、有氧耐力，以及提高速度；通过不断挑战对平衡性、协调性和柔韧性有更高要求的自身体重练习来提高这几方面的能力。

附录四
练习索引

推力练习

拉力练习

腿部和臀部练习

核心区练习

全身练习

附录五

健身日志

肌肉耐力训练阶段	第1周	第1天	第2天	第3天	第4天	
阶梯组1 7.5分钟	练习					
	难度					
阶梯组2 7.5分钟	练习					
	难度					
阶梯组3 7.5分钟	练习					
	难度					
阶梯组4 7.5分钟	练习					
	难度					

肌肉耐力训练阶段	第2周	第1天	第2天	第3天	第4天	
阶梯组1 7.5分钟	练习					
	难度					
阶梯组2 7.5分钟	练习					
	难度					
阶梯组3 7.5分钟	练习					
	难度					
阶梯组4 7.5分钟	练习					
	难度					

肌肉力量训练阶段	第3周	第1天	第2天	第3天	第4天	
间隔组	练习					
	次数					
间隔组	练习					
	次数					
间隔组	练习					
	次数					
间隔组	练习					
	次数					

肌肉力量训练阶段	第4周	第1天	第2天	第3天	第4天	
间隔组	练习					
	次数					
间隔组	练习					
	次数					
间隔组	练习					
	次数					
间隔组	练习					
	次数					

爆发力训练阶段							
	第5周	第1天	第2天	第3天	第4天		
超级组1	练习1						
	练习2						
	次数						
超级组2	练习1						
	练习2						
	次数						
超级组3	练习1						
	练习2						
	次数						
超级组4	练习1						
	练习2						
	次数						

爆发力训练阶段						
	第6周	第1天	第2天	第3天	第4天	
超级组1	练习1					
	练习2					
	次数					
超级组2	练习1					
	练习2					
	次数					
超级组3	练习1					
	练习2					
	次数					
超级组4	练习1					
	练习2					
	次数					

波动阶段						
第7周	第1天	第2天	第3天	第4天	第5天	
	推力	腿部	拉力	核心区	全身	
	阶梯组	超级组	间隔组	密集组	车轮组	
练习1						
练习2						
练习3						
练习4						
笔记						

波动阶段						
第8周	第1天	第2天	第3天	第4天	第5天	
	推力	腿部	拉力	核心区	全身	
	密集组	阶梯组	超级组	间隔组	车轮组	
练习1						
练习2						
练习3						
练习4						
笔记						

波动阶段						
第9周	第1天	第2天	第3天	第4天	第5天	
	推力	腿部	拉力	核心区	全身	
	间隔组	密集组	阶梯组	超级组	车轮组	
练习1						
练习2						
练习3						
练习4						
笔记						

波动阶段						
第10周	第1天	第2天	第3天	第4天	第5天	
	推力	腿部	拉力	核心区	全身	
	超级组	间隔组	密集组	阶梯组	车轮组	
练习1						
练习2						
练习3						
练习4						
笔记						

作者版税收入的一部分将捐给“特种作战战士基金会”。这家基金会旨在向在作战或训练中死去的特种战士的后代提供全额奖学金和顾问服务，并为严重伤残人员及其家庭提供及时的经济支持。

www.specialops.org